和创造世界名牌的人
『 一起放飞梦想 』

◇ # 石油大亨洛克菲勒

shiyou daheng luokefeile

安 宁◆编著

吉林出版集团有限责任公司

图书在版编目（ＣＩＰ）数据

石油大亨洛克菲勒 / 安宁编著. -- 长春 : 吉林出版集团有限责任公司，2013.10

（和创造世界名牌的人一起放飞梦想）

ISBN 978-7-5534-3407-0

Ⅰ.①石… Ⅱ.①安… Ⅲ.①洛克菲勒，J.D.（1839～1937）—生平事迹—青年读物②洛克菲勒，J.D.（1839～1937）—生平事迹—少年读物 Ⅳ.①K837.125.38–49

中国版本图书馆CIP数据核字（2013）第237928号

石油大亨洛克菲勒
SHIYOU DAHENG LUOKEFEILE

编　　著：安　宁
项目负责：陈　曲
责任编辑：陈　曲
出　　版：吉林出版集团股份有限公司
发　　行：吉林出版集团社科图书有限公司
电　　话：0431-81629727
印　　刷：北京一鑫印务有限责任公司
开　　本：710mm×960mm 1/16
字　　数：100千字
印　　张：12
版　　次：2014年3月第1版
印　　次：2019年7月第2次印刷
书　　号：ISBN 978-7-5534-3407-0
定　　价：23.80元

如发现印装质量问题，影响阅读，请与出版方联系调换。0431-81629727

序言
PREFACE

梦想与生命共存　传奇与我们同在

当你拥有这套《和创造世界名牌的人一起放飞梦想》系列丛书并真正读懂它的时候，祝贺你，你已经向成功又迈近了一大步，并可以为自己的人生勾画一张蓝图了。

开卷有益，我们不是猎奇，不是对世界名人和超级品牌的奇闻轶事简单地一声惊叹，而且通过阅读，让我们的视野变得更加开阔，让我们能够更好地认识这个世界，并找到适合自己的成功之路。

这是一套全方位满足你阅读愿望的好书，文字鲜活，引人入胜。这里有商界巨鳄的传奇创业故事，也有他们普通如你我的日常生活，当你随着一行行文字重走他们的人生之路时，你的心一定会在波澜起伏中感到一种快意。或许他们的成功不能复制，但是他们的坚韧、执着、宽容——这些成功的要素，我们可以复制。

通过阅读名人的成长故事，重温名人的创业之路，我们会发现，健全的人格、自由的意志、高远的理想、敢于实践的勇气、高瞻远瞩的见地、坚毅勇敢的性格、理性处世的原则、独立思考的习惯、幽默风趣的表达方式……一个人成功的诸多要素都以具体而形象的方式展现在你的面前。

每个人都有自己的生活轨迹，然而成功之路殊途同归，这一路上你的行囊里必须要装入梦想、希望、宽容和坚韧。

请给自己一个梦想吧！梦想是成功的种子，梦想是希望的支点。从这套书中你会发现，每一个了不起的品牌里都承载了品牌创始人那激越的梦想。是梦想，让他们充满激情，斗志昂扬；是梦想，在困境中带给他们希望，让他们有了坚持下去的勇气；是梦想，激励他们不断向前进！

为梦想不懈地努力吧！从这套书中你会明白，任何人的成功都不会一帆风顺，在鲜花和掌声的背后，有太多不为人知的痛苦。那些创业中的失败、徘徊和挫折，对我们来说更具有启迪的价值。真正的勇敢者，并不是无所畏惧，而是在面对挫折的时候，能及时调整自己，正视艰难困苦，不放弃希望。所谓成功，不过是努力的另一个名字罢了。

伟大的戏剧家莎士比亚曾说："一个最困苦、最卑贱、最为命运所屈辱的人，只要还抱有希望，便无所怨惧。"

生命只有一次，让我们在阅读中汲取无穷的力量吧！《和创造世界名牌的人一起放飞梦想》系列丛书会带你走进一个传奇世界，仔细阅读并把你的梦想付诸实践，你也许会成为下一个传奇。

带上我们的梦想启程，为我们璀璨夺目的人生而奋斗！

目 录
Content

前 言
Introduction

　　一个真正的富翁留给世界的财富不仅仅是金钱，往往有比金钱更重要的东西，从这个意义上讲，"石油大王"约翰·戴维森·洛克菲勒是真正的富翁。

　　洛克菲勒这个姓氏，在20世纪的美国人眼里，就是权力和财富的象征。

　　从石油帝国的"美孚"石油，到金融大鳄"大通"银行，从大师辈出的芝加哥大学到世界顶级的现代艺术馆，都有洛克菲勒家族资本的影子。美国人开玩笑说，从摇篮到坟墓，唯一全程陪伴着你的就是"洛克菲勒"。

　　也有人将洛克菲勒家族所崇尚的冒险与博爱精神，奉为美国精神的最好诠释。在"9·11"事件中轰然倒下的双塔，正是洛克菲勒家族的"祖产"，有人悲伤地断言，这不仅仅是一堆钢筋混凝土的坍塌，更是一个帝国时代的终结。而在原址上重建的自由之塔，正如洛克菲勒家族屡败屡战的精神传统。美国人相信，博爱是治愈信仰偏见的良药，而永不停歇的冒险精神，是重建家园的进军号角！

约翰·戴维森·洛克菲勒是这个家族的第一代创业者。与其说老洛克菲勒是一位亿万富翁，不如说他创造了一个神奇的家族神话，他身后，留下了富可敌国的财富，更留下了数不清的逸事和真伪难辨的家训格言。

世界上稍纵即逝的有三样东西：话语、时间和机会。老洛克菲勒的故事，被众人播撒、传诵，更多的人试图从他的传奇经历和隽语断片中，寻觅成功的金钥匙和财富的密码。

老洛克菲勒漫长而传奇的一生，如果用色彩作比喻的话，是黑与白两种截然不同的颜色。当约翰·戴维森·洛克菲勒的石油帝国刚刚建立起来的时候，"罪恶"和"贪婪"的标签牢牢地粘在他的身上，仿佛永远也洗刷不掉一样。他挖掘了黑色的"黄金"，仿佛是割开了地球的"血管"，提供了发展现代化必需的动力能量，也带来了困扰百年的环境污染和能源危机。巴尔扎克说，每一笔财富的背后都隐藏着罪恶，马克思也说过，"资本来到世界，从头到脚，每个毛孔都滴着血和肮脏的东西"。

约翰·戴维森·洛克菲勒的后半生处在退休与归隐的状态，他乐善好施，散去一半的财富。洛克菲勒一生共积累了十多亿美元的财富，捐出的至少有7.5亿美元。他是一个不苟言笑又充满了幽默感的老人，一生节俭，甚至给人小费都以美分来计算，而用于募捐时，则是一掷千金。

约翰·戴维森·洛克菲勒是全球最大的慈善组织的创建

者。密歇根湖畔的芝加哥大学因资不抵债行将倒闭，他马上捐出数百万美元，使其后来发展为世界顶尖的学府。1917年，约翰·戴维森·洛克菲勒基金会捐助了著名的北京协和医院，时至今日，这所医院已经成为中国乃至亚洲最好的医疗机构。有人说，约翰·戴维森·洛克菲勒的慈善之举，不过是为了缓解巨大的财富和罪恶的破坏带来的"负疚感"，甚至有人说洛克菲勒和神秘的共济会之间有着"浮士德与魔鬼"式的约定，披着慈善的外衣，实现微型芯片化人类的终极梦想，种种传说，更让本来就富于传奇色彩的洛克菲勒家族，罩上了更加神秘的光环。

古语云，勿以恶小而为之，勿以善小而不为。我们常说身安不如心安，毁誉参半的洛克菲勒家族，好像是卡尔维诺笔下的"一个被分成两半的子爵"，暗喻着人性的两个侧面，罪恶和纯洁交织，最后善行和良知占了上风，但也要时时内省，提防邪恶和贪欲的侵袭和诱惑。

耶稣对法利赛人说："你们中间谁是没有罪的，就可以先拿着石头打她。"约翰·戴维森·洛克菲勒在世人眼里，就像那个富有又负罪的妇人。这个虔诚而坦率的基督徒，坦然地面对世人的无上赞誉和流言蜚语，他听从了欲望的召唤，赚取了巨额的财富，他又听从了良知的召唤，帮助更多的人获得了知识、文化和健康。老洛克菲勒自己也得到了最好的福报，98岁高龄，半生索取，半生奉献，阅尽人生的繁华和宁静，安详离世。

中国人常说"富不过三代"，而洛克菲勒家族的传奇已经延续百年，历经六世而不衰。看来洛克菲勒家族，打破了创业——守业——衰败的历史怪圈和因果宿命，靠的不仅仅是毫无生命力的财富符号，而是诸多朴素而充满哲理思辨的家训和箴言。

西方有句俗谚——培养一个贵族，需要三代人的时间。

在洛克菲勒家族中，有影响美国思想界的学者，有才华横溢的艺术家和鉴赏家，更有把握经济命脉的商界巨贾，甚至出了位高权重的州长、副总统。一个平民草芥，开枝散叶，竟成根深叶茂的参天巨树！

从表面上看来，洛克菲勒家族的百年发展史不过是财富的疯狂积累史，但在家族内部的血脉联系中，可以看到，他们已经从贪婪的利益攫取者，转向了热心慈善的馈赠者、现代文化艺术的播撒者。这种优雅的转身，并不是野蛮的原始积累到文明的蜕变那么简单，从中可以看到一个家族百年的自省和救赎。

洛克菲勒留下的遗产，不仅仅是黄金和美元。他留下的财富到底是什么？翻开他的故事，相信每个人都会找到自己的答案……

Rockefeller

第一章　财富是勤奋的副产品

Rockefeller

第一节　起点不决定终点

> 每个人的起点不同，其人生结果也不同。在这个世界上，永远没有穷、富世袭之说，也永远没有成、败世袭之说，有的只是我奋斗我成功的真理。我坚信，我们的命运由我们的行动决定，而绝非完全由我们的出身决定。
>
> ——约翰·戴维森·洛克菲勒

在180多年前的纽约州里奇福德镇里，住着一户普通得不能再普通的人家，男主人威廉·埃弗里·洛克菲勒是一个没有营业执照的游医，靠卖一些医不好人也医不死人的假药维持生计，女主人伊莱扎·戴维森是一个虔诚的浸礼会教徒。由于威廉常年漂泊在外，伊莱扎只能独自养家糊口，抚养五个子女。

约翰·戴维森·洛克菲勒是老威廉五个子女中最普通的一个，他出生于1839年一个阴雨连绵的午后。这个孩子小时候给人的印象是目光有些呆滞，好像总是在凝神思考些什么，眉宇间总有些化不开的忧郁，郁郁寡欢，又落寞不羁，人们看不出他以后能有多大出息，更不会将他同日后的亿万富翁联系在一

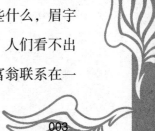

起。老威廉的心目中，这是个最不争气的儿子，因为就他这个德行，张嘴说话都费劲，或许连一服药也卖不出去，连当个假药贩子都没有资格。好几次，威廉都想踹他两脚，问问这个古怪的家伙，脑子里到底在想些什么？

在约翰·戴维森·洛克菲勒心里，自己出身低微，贫穷和卑贱好像是一把刀的双刃一样，时时刺痛他幼小的心灵。他缺少一个英雄楷模式的如山一样沉默坚毅的父亲，更让他痛苦的是他无法选择自己的出身。他记忆中的父亲是个不光彩的烙印，是个令他感到丢脸的假药贩子。约翰·戴维森·洛克菲勒在后来的回忆录中，将自己的童年生活归结为一个词——忍耐。

母亲伊莱扎·戴维森是个一言一行都遵循《圣经》的基督教徒，她用近乎清教徒式的克制和隐忍影响了小洛克菲勒。勤劳和朴实，是母亲送给约翰·戴维森·洛克菲勒最好的礼物。

父亲威廉·埃弗里·洛克菲勒是一个很讲求实际的人，他好像是堂吉诃德和桑丘的结合体，时而充满浪漫主义气质，满世界闲逛，时而讲求利润，一个铜板也不放过，他从小就教育孩子们，只有劳动，才能给予报酬，而家里的任何劳动，都制订了一套标准。尽管约翰·戴维森·洛克菲勒对父亲有诸多不满，但是他也不能否认父亲的性格和行事风格对他切切实实地产生了影响。在他的记忆里，父亲的游手好闲是他深恶痛绝的，他觉得这是对生命的一种犯罪，一个人生下来就应该在不断地学习和工作中体现价值。另一方面，父亲灵活而务实的商业逻辑又给了洛克菲勒经商的天赋。

小时候，洛克菲勒就表现出了他的商业才能，他有个记账本，上面详细地记录着自己在田里干了哪些活，以此来向父亲要报酬。然后，他把这些自己赚的钱积攒下来，贷给当地的农民，赚取利息费。

医药贩子威廉·埃弗里·洛克菲勒认为："人生只有靠自己，做生意要趁早，只有钱才是最牢靠的。"这种教育方式或许有点偏激，但对年幼的约翰·戴维森·洛克菲勒而言，却是至理名言。这样的人生格言也许过于消极，但是对于在逆境中生存、在商场上厮杀的人是自我保护的法则。

一个医药贩子家庭出身的孩子当然不会有什么社会地位，更不能妄想控制别人。人无法控制别人，就只能控制自己。

有个小故事说：先知穆罕默德，带着他的40门徒在山谷里讲道。他说，"信心"是成就任何事的关键。一位门徒对他说："你有信心，你能让那座山过来，让我们站在山顶吗？"穆罕默德对他的门徒满怀信心地把头一点，对山大喊一声："山，你过来！"山谷里响起了他的回声，可是山仍然没有什么动静，只剩下回声在山谷中回荡。大家都聚精会神地望着那座山，穆罕默德说："山不过来，我们过去吧！"他们开始爬山，经过一番努力，终于到了山顶。在客观环境改变不了的时候，人要改变主观信念。正如穆罕默德说的那样，如果不能让山走向你，你就要走向山。

有的人喜欢抖机灵，显示自己无所不知无所不能，而约翰·戴维森·洛克菲勒对自己的要求却是隐藏，从少年起就开始了近乎残忍的自我控制，每天反思自己的一言一行，稍微有些思想杂念就强迫自我修正，一次，他发现自己还是未脱稚气，容易喜形于色，就来到镜子前，反复训练脸部肌肉，让自己始终保持一个表情。

生活的艰辛，让一个少年失去了无拘无束的童真和快乐，而平添了许多超出年龄的坚忍和刚毅。很多年以后，当约翰·戴维森·洛克菲勒再次回忆起这段往事的时候，他的眼里充满了复杂的神情。如果命运可以让他再有一次选择的话，不知道他会不会选择这种生命不能承受的重压，更不知道，以失去最快乐的童年时光为代价换回的巨额财富，到底是幸运，还是不幸。当然，一切已经不可更改。

约翰好像是被轻视、忽略的丑小鸭，独自凝神思考，有如静谧的山谷中自生自灭，自开自落的野草、野花。他有自己的世界，有自己的想法，就是在一些小事上，一个富翁的未来初见端倪。一次，他捉到了一只小火鸡，通常情况下，孩子们会给这个小家伙的腿上拴一根绳子，疯跑取乐；而约翰却将这只小火鸡视为珍宝，精心喂养，等这只小火鸡长大以后把它带到集市上卖了一个很好的价钱。世间事有舍就有得，放弃了单纯的娱乐，约翰·戴维森·洛克菲勒获得了自己的财富。12岁时，约翰已经有了50美元的积蓄，这时，约翰又显示出与众不同的经商天赋和近乎于犹太人的营销智慧，他把这笔"巨款"

借给邻居，收取利息。

"我就是喜欢钱，这没什么不好。"约翰对自己的未来信心满满，他对自己的需要也非常清醒和明确。

有时候，我们不能不感叹世界的奇妙，一个医药贩子家里能走出一个亿万富翁。谁能不好奇，起点和终点之间究竟发生了什么不可思议的事呢？

第二节　机会不会第二次敲门

机会永远都会不平等，但结果却可能平等。

——约翰·戴维森·洛克菲勒

约翰·戴维森·洛克菲勒自幼家境贫寒，周围的环境极其恶劣，毒品、斗殴和酗酒充斥着他的生活。但约翰·戴维森·洛克菲勒好像是一个自由的精灵，他丝毫不受这些坏环境的影响，从小就显示出与众不同的特性。他与其他喜欢疯跑、逃学的孩子不同，少年老成，小小年纪已经懂得为家里分担生活的忧愁，挣扎在贫困线上的他只有一个念头——赚钱。

一次，在学校附近的拐角处，约翰·戴维森·洛克菲勒捡到一辆破旧的玩具车，他兴奋异常，觉得这是老天恩赐的礼物。一般的小孩子肯定会拿着这辆车，玩上几天，可是约

翰·戴维森·洛克菲勒却认为，这辆小车留在自己手里的最后结局肯定是弄坏了，倒不如在这个玩具车上动动脑筋挣点钱。

约翰用小抹布仔细地把这个红色的电动跑车擦拭干净，然后打开玩具，接上了里边断裂的线路，一辆气派的小跑车又可以启动飞奔了。约翰像宝贝一样搂着心爱的跑车来到学校，引来小朋友们艳羡的目光。约翰向大家宣布：每人一次可以玩10分钟，代价是每次收取0.5美分。还算公平，租车的人络绎不绝。就这样，不到一个星期，约翰·戴维森·洛克菲勒竟赚到了3美元，这钱足够买一辆新玩具跑车的了。

约翰·戴维森·洛克菲勒的数学老师杰瑞，一直观察着小洛克菲勒，职业的敏感告诉他，这个孩子是个经商的天才，可惜出身贫寒。杰瑞老师疼爱地抚摸着约翰的头，深感惋惜地对他说："如果你的出身再好一点，我坚信你是个优秀的商人，甚至可以富可敌国，但很遗憾，你这样的条件，能在街头卖点东西就不错了。"

数学老师的话，竟然一语成谶，约翰·戴维森·洛克菲勒只读到高中二年级，就因为家境原因被迫辍学了，他真的成为了一个街头小贩。作为小商贩，约翰·戴维森·洛克菲勒经商只有一个宗旨：什么挣钱卖什么。他卖过五金百货、鲜鱼，甚至卖过冰淇淋和苏打水。日子过得紧紧巴巴，但也算自食其力。但是约翰·戴维森·洛克菲勒永远忘不了杰瑞老师的话，一心想成为一个优秀的商人。

商贩和商人，一字之差，却天壤之别。约翰·戴维森·洛克菲勒不甘心一辈子做无名的商贩，他的梦想更多，他的野心更大，他的梦想是建立一个庞大的商业帝国。虽然这种理想只能埋藏在自己心里，因为一旦说出，就成了一个天大的笑话，可是如果没有这个梦想，他的一生可能就是一个笑话。

机会终于来了，约翰·戴维森·洛克菲勒决心抓住机遇的手。

港口有一批来自日本的丝绸布料，本来想贩到美国卖上个好价钱，但是太平洋上的风暴毁掉了这一船的财富，布料在暴风雨中已经变成了五颜六色的废布。现在船长的问题不是如何发财，而是如何甩掉这个包袱，再运些美国的特产回去，这样才能减少点损失，焦虑的日本船长在苦思良策。

卖掉这些货物，显然是不可能的，丝绸虽然是抢手货，但已经被染料浸染的丝绸就是垃圾货，根本没人肯接手。就地倒掉吧，倒是个好主意，但是美国严格的环保法律，使得倒掉的垃圾处理费用还要高于这船货物的价值。在回去的路上倒在太平洋里，倒是没人发现，不过从美国拉回货物的计划就泡汤了，船长左右为难。

约翰·戴维森·洛克菲勒没事就爱到港口转悠，因为他坚信这里是不同文化的聚集地，而有差异的地方就存在着投机和商机。

每天到港口的文萨酒吧喝酒已经成为约翰·戴维森·洛克菲勒的习惯，他当然不是为了喝酒，而是为了打听商业消息。那天，约翰·戴维森·洛克菲勒看到有人对着几个日本船员指指点点，从人们口中他得知了这艘日本商船的遭遇，他顿时热血沸腾。约翰·戴维森·洛克菲勒觉得人生的第一次机遇来了，他马上开始行动。

第二天，约翰·戴维森·洛克菲勒换上了笔挺的西服，为了使自己看上去年轻又沉稳干练，他甚至借来了一块手表和一双皮鞋。

他和船长开始了有趣的对话。

"我知道你有些麻烦。"约翰·戴维森·洛克菲勒开门见山。

"是的，你有什么好主意吗？"船长操着不熟练的英语，期待着奇迹的降临。

约翰·戴维森·洛克菲勒用手指着停在港口的一辆卡车，自信地对船长说："我是洛克菲勒贸易公司的老板，我可以帮你们，免费把这些没用的丝绸处理掉。"

"那你准备出多少钱？"

"多少钱？天啊，难道你要空船回去吗？或者接受该死的罚款？你不感谢我的好意吗？"约翰·戴维森·洛克菲勒用去一晚上的时间算准了船长的心理。

结果，约翰·戴维森·洛克菲勒没花一分钱就拥有了一吨上好的丝绸——唯一的缺点是丝绸的花色过于复杂。

约翰·戴维森·洛克菲勒对着这些五颜六色的丝绸想了几天，终于从鹦鹉的身上获得了灵感。他在报纸上大做广告，邀请时尚专家发布消息，今年最流行的款式是军人题材。

约翰·戴维森·洛克菲勒找来一家工厂，把这些丝绸制成迷彩短袖、帽子和饰品。两个月后，他拥有了人生的第一桶金——10万美元。

有这样一则寓言，洪水来袭，一个基督徒被困在屋顶，他不停祷告，请求上帝救他出苦海。这时，一个人划着船来到他身边，请他立即上船，他却断然拒绝了，因为他固执地相信，上帝会出现拯救自己。

不久，又来了一辆摩托艇，甚至飞来一架直升机，都被这个固执的人拒绝了，最后这个不幸的人被洪水淹死了。在天堂，这个基督徒见到上帝，抱怨自己虔诚祷告，却没有获救。上帝很委屈："我已经努力了三次，但是，都被你拒绝了。"

生活中，真有这样顽固不化的人，他们坐等上帝神迹的出现，却放过身边无数的机遇。这个寓言告诉我们，其实，真正能拯救自己的，只有自己，因为需要你在机遇来临时，抓住机遇的手。

商业奇才卡耐基说："我们多数人的毛病是，当机会朝我们冲奔而来时，我们兀自闭着眼睛，很少人能够去追寻自己的机会，甚至在绊倒时，还不能见着它。"这个世界的机遇，其实常常光临我们四周，但是如果你不去努力发现机遇，那么它就会从我们身边白白溜走。

有时，当机遇来临时，你没有准备好，就无法抓住机遇。居里夫人说过："机遇从不光顾没有准备的头脑。"的确是这样，这个世界上弱者坐待良机，强者制造时机。

机会不会第二次敲门，当它出现在你身边时，你可要做好准备！

第三节　细节决定成败

> 要想比别人更优秀，只有在小事上比别人更下功夫。
>
> ——约翰·戴维森·洛克菲勒

鲜花和掌声永远都集中在高高的领奖台上，而冠军的笑容最灿烂。有时候，成功等于第一名，换句话说，没有夺魁就是失败。

16岁那年，约翰·戴维森·洛克菲勒决定到商界谋生，为了寻找工作，他在克利夫兰的街上跑了几个星期，拿定主意要找一个前程远大的职业。他翻开全城的工商企业名录，仔细寻找知名度高的公司。然后，他将去过的公司用不同颜色的笔标注出来，没多久，这本名录都是约翰·戴维森·洛克菲勒的密密麻麻的记号。每天早上八点，他离开住处，穿上自己最好的一套衣服——黑色衣裤和高高的硬领西服，戴上有些褶皱的黑领带，一本正经神情严肃地去各个公司面试。

结果可想而知，没有人对这个只有勇气，却没有半点工作经验的年轻人感兴趣。约翰·戴维森·洛克菲勒对各个公司的拒绝毫不在意，因为在他看来，自己也没费什么事，不过是推推门说几句话而已。就这样，约翰·戴维森·洛克菲勒的求职一共进行了六个星期，风雨无阻。当时克利夫兰的人口大约为三万人，形形色色的公司有不少家，但是符合约翰·戴维森·洛克菲勒条件的还不是太多。不久以后，约翰·戴维森·洛克菲勒就将名录上的公司走了一遍。约翰·戴维森·洛克菲勒一看名录已经走过一遍，便在第二天早晨，又从头开始拜访，有些公司甚至去了两三次，也许是洛克菲勒的年龄太小了，谁也不想雇个孩子。可是约翰·戴维森·洛克菲勒是那种倔脾气的人，越是受到挫折，他的决心反而越坚定。

1855年9月26日上午，约翰·戴维森·洛克菲勒走进了休伊特-塔特尔公司，这是家从事农产品运输代理的公司，这个公司洛克菲勒已经来过一次了，但是他并不灰心，他要再一次试试运气。这次接见他的是二老板亨利·塔特尔，他们正需要一个人记账，亨利便叫洛克菲勒午饭后再来。喜出望外的约翰·戴维森·洛克菲勒露出了孩子的本性，他一步一跳地出了休伊特-塔特尔公司。一直到老年，约翰·戴维森·洛克菲勒仍记着那激动人心的一刻，因为那是他第一次听见正面的消息。

当时他根本没有心思吃午饭，一到约定的时间他就来到了公司，他见到了大老板艾萨克·休伊特。艾萨克·休伊特在克利夫兰拥有大量的房地产，还是克利夫兰铁矿开采公司的创办

第一章 财富是勤奋的副产品

人，他仔细看了这孩子写的字，然后说："留下来试试吧。"

老板不仅谈不上慷慨，甚至还有些吝啬，他让约翰·戴维森·洛克菲勒脱下外衣马上工作，根本没提工资的事，直到三个月后约翰·戴维森·洛克菲勒才收到第一笔补发给他的微薄的报酬。

可是，就是这样一份工作也来之不易，所以，9月26日就成了约翰·戴维森·洛克菲勒个人日历中的纪念日，他甚至把它作为第二个生日来庆祝。

"就在那儿，我开始了学做生意的生涯，每周工资是4美元。"他这样说，"虽然钱不多，但是我可以自豪地说，我是一个真正的人了，要知道，人的真正独立并不是不用哺乳，而是自己可以挣钱了。"

在公司工作的第三年，约翰·戴维森·洛克菲勒显露了他的价值。一天，洛克菲勒无意中从港口的游客中，听到了英国粮食减产，重要的粮食作物欠收即将发生饥荒的新闻，他便自作主张大量收购食品油脂品进行囤积，为此老板极为不满，第一次向约翰·戴维森·洛克菲勒发火。

老板很快就为自己的行为感到羞愧了。因为没过多久，英国真的发生了饥荒，约翰·戴维森·洛克菲勒所在的公司因为事先货源准备充足，所以公司贸易额并没有受影响，反而赚取了巨额利润。一时间，约翰·戴维森·洛克菲勒在当地成为人们谈论的中心，他成为了商业奇才的代名词。

后来，约翰·戴维森·洛克菲勒回忆此事时说道：自己哪里是什么未卜先知，更不是什么商业奇才，无非是比别人多用了心思，留意了一些细节而已。

在休伊特–塔特尔公司，约翰·戴维森·洛克菲勒迈出了人生的第一步，他埋头于散发着霉味的账本里。每天天刚蒙蒙亮他就去上班，办公室点的是昏暗的鲸油灯，可是他从来都不会马马虎虎，而是永远像第一天参加工作一样认真而敬业。

约翰·戴维森·洛克菲勒说过："由于我第一个工作是记账员，所以我学会了十分尊重数字和事实，无论它有多小……"

后来公司让约翰·戴维森·洛克菲勒负责付账单，他接过这项工作后仔细核查，"这可是一个比良心的活计，如果心术不正，有很多机会贪污，但是我不能这么做，比花自己的钱还尽心"。

有一次，在隔壁办公的老板交给他一份长长的、未经核对的管道铺设费账单，请约翰·戴维森·洛克菲勒去付一下。约翰·戴维森·洛克菲勒从中发现了几分钱的差错，他对这种大大咧咧的态度感到十分震惊，所以他毫不客气地向老板指出了这个错误。

此外，年轻的约翰·戴维森·洛克菲勒还为休伊特收房租，他不但有耐心，有礼貌，而且还表现出斗牛犬般不屈不挠的精神，直到欠债的人交出钱为止。

南北战争爆发前，大多数企业都只经营一项业务或生产一种产品，而休伊特–塔特尔公司却代理各种商品的销售，所以

账目繁多，而记账员的工作也就比其他公司的同等工作繁重得多。或许是约翰·戴维森·洛克菲勒对这个来之不易的就业机会格外珍视，或许是性格中的一丝不苟帮了他大忙，他记录的账本每笔都来历清楚，绝无勾抹的痕迹。这个年轻的小伙子工作十分认真刻苦，账簿做得清清楚楚，没有差错，很多老财务人员都自愧不如，这些细节让老板对他刮目相看。

1855年年底，休伊特给了约翰·戴维森·洛克菲勒50美元作为头三个月的工钱，相当于每天50美分多一点，之后休伊特宣布，这位助理记账员的工资将升到每月25美元，即每年300美元，差不多是原来的二倍，这才是约翰·戴维森·洛克菲勒应该得到的报酬。

细节决定成败，有很多人认为生活中可以不拘小节，只要关键场合自律一些就可以了，其实生活是一个整体，工作与业余时间都要有一种良好的习惯。

约翰·戴维森·洛克菲勒把工作与生活有机地联系在一起。因为他的工作就是与数字打交道，他发现数字的秩序性和精确性非常适合于安排和记录他的生活，所以他就把自己的生活"数字化"了。

在约翰·戴维森·洛克菲勒的保险柜里，有一个红色的小本子，被主人称为"账本甲"，从它出现开始就备受主人宠爱，而它也无愧于主人的这份青睐。

"账本甲"是约翰·戴维森·洛克菲勒在休伊特-塔特尔公司上班时花10美分钱买的普通的记事本，却因为它记录了主人生活起居一项项费用而变得厚重而沉实。

　　约翰·戴维森·洛克菲勒在"账本甲"里面记录了刚刚独立工作时自己的每一笔收入和支出，对于一个贫穷的孩子而言，每一笔收支都是一件无与伦比的大事。尽管多年以后约翰·戴维森·洛克菲勒成了一个亿万富翁，可是每当他翻看初出茅庐时账目清晰的私人生活账本时都忍不住老泪纵横。那是一个为了事业打拼的少年清苦生活的记录，也是他年轻岁月留下的痕迹。就在那个小本子里，可以让那些说约翰·戴维森·洛克菲勒是假慈悲的人闭上他们的嘴，因为在那个并不宽裕的时期，一个年轻人没有把钱都用在自己消费上，而是捐给了他认为更需要帮助的人。在约翰·戴维森·洛克菲勒工作的第一年，他就捐出了大约6%的工资，而在他20岁时，这个数字已经涨到了10%。

　　注重生活的细节并没有让约翰·戴维森·洛克菲勒成为一个婆婆妈妈的人，数字只是他理性思维的一种表现。业余时间，约翰·戴维森·洛克菲勒也并不是一个保守的人，他的兴趣广泛，他喜欢辩论，阐述自己的观点时头头是道。有一段时间，洛克菲勒迷恋上了音乐，他甚至一度想当个音乐家。

　　不过，约翰·戴维森·洛克菲勒好像更适合当一个商人。当年他与父亲有个特殊的约定：他借给父亲一小笔贷款，但要收取利息。尽管这点钱只相当于他来回坐车的费用，可是对生意上的事，他从来就不感情用事，所以在他工作的第二年就升职加薪一点都不奇怪。

1857年，约翰·戴维森·洛克菲勒成为休伊特-塔特尔公司的主任簿记员，年薪也从300美元涨到了600美元，不到一年的时间，年轻人约翰·戴维森·洛克菲勒把自己的身价提高了4倍，这应该是一个好兆头。而且约翰·戴维森·洛克菲勒开始踏上商路，尽管都是面粉、火腿和猪肉一类的小生意，但是生意只要盈利就是胜利，约翰·戴维森·洛克菲勒每一次都获得了胜利。

其实很多大事情都是由小细节组成的，就像万丈高楼也都是由一点点的泥沙或一块块砖瓦搭建而成的，只要你夯实每一处，你人生的大厦自然会高耸入云。

第四节　给自己松绑

一个能自由飞翔的人是雄鹰，否则飞得再高只是一只风筝，命运的线永远握在别人的手里，所以，如果想要整个天空，就要给自己松绑，挣断那根羁绊你的线。

——约翰·戴维森·洛克菲勒

1858年，只有两年多工作经验的约翰·戴维森·洛克菲勒与人合伙成立了一家经销农产品的公司，这是他事业跨出的一大步。在一般人看来，他这是飞速发展，因为他在休伊特-塔特尔公司工作一年的时候工资翻两番，职务直线上升，比起一般老员工他进步得够快了，更快的是不久以后他的身份又从雇员变成了合伙人，所以在克利夫兰，约翰·戴维森·洛克菲勒成了一个小名人，当地人不知道，一个大名人正在以几何速度成长。

约翰·戴维森·洛克菲勒的求学经历不算辉煌，因为家境贫寒，他付不起昂贵的学费去那些闻名遐迩的大学，但是他把社会当作了一所学校，在这所学校里，他不仅不用交钱，而且还能赚到钱。

当然也有例外的时候，1855年，约翰·戴维森·洛克菲勒就付费到一所真正的学校就读。那是福尔索姆商业学院设在克利夫兰的分校，因为对金钱的兴趣十分强烈，商学院的专业性让约翰很向往，他花了40美元去长长见识，其实也就是长长见识，因为他只学了三个月。不过这三个月的花费是值得的，因为它让更多的人了解了约翰·戴维森·洛克菲勒，在时机成熟的时候，那些人就出现了，其中一个就是莫里斯·克拉克。

"约翰，我们合伙干吧。"莫里斯·克拉克向约翰·戴维森·洛克菲勒发出了邀请，"我的商业判断和你的财务管理一定能让我们在克利夫兰的农产品贸易方面出人头地！"

莫里斯·克拉克是约翰·戴维森·洛克菲勒在福尔索姆商业学院克利夫兰分校的同学，当年两个人相交并不深，但是莫里斯·克拉克对这个反复纠缠在利息问题上的小同学印象深刻。之所以说约翰·戴维森·洛克菲勒是"小同学"，是因为他比莫里斯·克拉克要小整整十岁。当年的"小同学"在克利夫兰小有名气的时候，莫里斯·克拉克产生了一个想法，因为他觉得一个刚刚工作一年多的孩子就能变身为其所在公司的合伙人这绝不是偶然，一定是这个孩子有过人之处。

莫里斯·克拉克找到约翰·戴维森·洛克菲勒，交流了几次以后，他觉得约翰在休伊特–塔特尔公司能得到那样的待遇很正常，而且他产生了一个新的想法，他希望和"小同学"成为合作伙伴，他们的合作将是天作之合。

当时莫里斯·克拉克在一家效益非常不错的公司工作，他业务水平很高，为公司创造了很多价值，但是他不是公司的合伙人，所以不能分享公司的利润，这样他觉得自己的价值大打折扣。他急需改变这种状况，因此有了自己创业的想法。但他不能单枪匹马地闯荡，他需要一个可靠的合作伙伴，于是他把目标锁定在约翰·戴维森·洛克菲勒身上。

"我需要考虑一下。"听到旧日同学的邀请，约翰·戴维森·洛克菲勒这样回答，"请给我一周的时间，我要和家人商量一下。"

一个成熟的人永远不会轻易做出决定，尤其是关乎一家人生存的决定。自从约翰·戴维森·洛克菲勒进入休伊特–塔特尔公司以后，家人的生活条件改善了很多，最重要的是他再也不用依靠父亲来养活妈妈、弟弟和妹妹了。而且他在公司越来越受器重，前途一定不错，冒险单干很可能会毁掉现在稳定的生活。况且17岁的年轻人能被当地那些谨小慎微的银行家记住实属不易，只要再蛰伏几年，蓄积了足够的力量，约翰·戴维森·洛克菲勒也一样能出人头地。

但莫里斯·克拉克的提议对约翰·戴维森·洛克菲勒太具诱惑了，他希望自己拥有更大的空间，而这是一个不可多得的机会。约翰·戴维森·洛克菲勒盘算了一下，他有两个亟待解决的问题。他自己攒了800美元，想要和莫里斯·克拉克合伙，资金方面至少要2000美元，他有1200美元的缺口，这是一个问题。另外一个问题就是他与休伊特-塔特尔公司该怎样分手，那毕竟是发现他并且相信他的第一家公司。现在他要独立发展，这家公司就成了捆绑他的绳索，他不愿做一个忘恩负义的人，何去何从，约翰·戴维森·洛克菲勒陷入了沉思。

第一个问题出乎意料地被顺利解决，因为约翰·戴维森·洛克菲勒的父亲老威廉·埃弗里·洛克菲勒好像也看出了儿子的商人天赋，那个他最不喜欢的儿子如今成了一个宝贝，他可不希望做个遗弃宝贝的傻瓜。

"这里有1000美元，"老威廉·埃弗里·洛克菲勒对一脸惊诧的儿子说，"原本打算你21岁的时候给你的，可是，我改变主意了，现在我就给你。"

对于约翰·戴维森·洛克菲勒而言，父亲的这一举动就像一个吝啬鬼突然慷慨解囊，他很吃惊，但是也非常欣喜，他不必为创业资金而发愁了。当然，吝啬鬼的本性是不可能改变的，老威廉·埃弗里·洛克菲勒这1000美元是要利息的，父亲

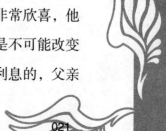

向儿子要了10%的利息，当时银行的利息不过6%多一点。不过无妨，利息再高也比没有好得多，何况这利息也算是肥水没流外人田。

钱的问题解决了，剩下的就是如何脱离休伊特-塔特尔公司了。

"老板，有件事必须同您谈一谈。"约翰·戴维森·洛克菲勒找到大老板休伊特，直截了当地说出了自己的想法，"我想把年收入提高到800元。"

"约翰，你是知道的，公司的近况十分糟糕。另外，你的资历太浅了，要知道，你才来公司两年多时间，而成为合伙人也不过是一年的光景。怎么能提涨工资的事呢？这会让别人怎么看你啊？"休伊特对自己的合作伙伴刮目相看了，以前，他只不过把洛克菲勒当作一个小孩子，没想到他如此坦率。

"但是，我不能同意您的看法。诚实地说，很多员工都比我挣得多。要知道，虽然我来的时间短，可是我的工作量是他们的两倍还不止，但是他们挣到了2000美元，而我，连他们的一半都不到。这样，合理吗？"约翰·戴维森·洛克菲勒直视着老板的眼睛，在他看来，这不是钱的问题，而是自己的工作能不能得到承认的问题，所以他不打算让步。

约翰·戴维森·洛克菲勒说的是实话，大老板休伊特也不得不承认，可是他认为自己的话也是有道理的，他不能给一个刚来公司没多久的孩子涨太多的工资，所以他只好脸色一沉，使用了老板惯用的招数，来了个死不认账。

"约翰，你说的也有道理，但我也明确告诉你，确实不能付你800元的年薪，这个没有什么可以商量的。"休伊特以为这个小伙子遭到拒绝之后，会知难而退，乖乖地回去工作。

休伊特的如意算盘打错了，他对约翰·戴维森·洛克菲勒价值判断的失误是他这一生最失败的事。自以为用权利压制住了下属的老板休伊特没想到，他的拒绝正是约翰·戴维森·洛克菲勒所需要的。

约翰·戴维森·洛克菲勒早已经打定了主意，精明的他早知道是这样的结局。他为何要来主动提出加工资呢？太简单了，因为约翰·戴维森·洛克菲勒从小就尊重契约精神，他觉得不能由自己来破坏这个原则。但是如果老板不公平在先，那么他就可以心安理得地离开这个目光短浅的老板了。

"好吧，我辞职了。感谢您在过去三年中对我的照顾，最重要的是，您给我的机会，祝您健康，也祝您好运！"约翰·戴维森·洛克菲勒真诚地对老板说。

休伊特显然低估了洛克菲勒飞翔的决心，因为后来的事实证明，洛克菲勒是一只胸怀大志的雄鹰，只有天空，才是他的极限。

有趣的是，十多年后，休伊特还要虚心地向自己的前雇员——石油帝国的老板约翰·戴维森·洛克菲勒请教投资石油产业的秘诀。这仿佛是老天给两个人开的一个玩笑。休伊特辞退洛克菲勒，好像是历史上代价最昂贵的辞退事件，如果休伊特能预见到洛克菲勒的价值，他一定不会同意洛克菲勒辞职的

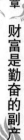

要求，估计他看到日后洛克菲勒的发展，一定后悔不迭。

洛克菲勒的辞职事件，经过多人的传播，已经成为了当地一个有名的事件，大家都对洛克菲勒的执着和有职业操守敬佩有加。当地的著名报纸——《克利夫兰领导报》为这家公司做广告说："这是个年轻的公司，这是个朝气蓬勃的公司，但是他们一如既往地诚信，守则。我们真诚地向广大读者推荐这个自信满满的年轻企业。让我们一同成长。"

目光短浅，对人不能公平对待，这让休伊特错过了一名最优秀的员工。但是话又说回来了，即使休伊特同意了约翰·戴维森·洛克菲勒的加薪要求，可以想象，约翰·戴维森·洛克菲勒还是要辞职的，因为这个时候约翰·戴维森·洛克菲勒已经找到了自己的人生目标，就是做自己航船的掌舵人。

这个未来的石油王国的掌门人，已经自信满满，帝国的航船，蓄势待发。

1958年4月1日，这一天并不只是愚人节，一个对生活非常认真的人开始了他的商人之旅。这一天，约翰·戴维森·洛克菲勒与他的校友莫里斯·克拉克成立了一家贸易代理公司，那一年约翰·戴维森·洛克菲勒18岁。

美国南北战争给无数个家庭带来了不幸，却给约翰·戴维森·洛克菲勒带来了巨大的财富。其他的富人都是每年花300美元雇别人替自己的儿子上战场，而约翰·戴维森·洛克菲勒也花了同样的价钱解放了自己。被解放了的约翰·戴维森·洛克菲勒凭借商业敏感迅速积累了大量财富，农产品在战争期间的紧俏把一个穷小子变成了大富翁。

战后的经济繁荣让约翰·戴维森·洛克菲勒再一次嗅到商机，他仅用4000美元的投资就与人合作成立了一家石油公司，从那以后，源源不断的金钱就涌进了纽约州一个最不起眼的小镇——里奇福德镇那个医药贩子一度最看不起的儿子的口袋，而且一发不可收拾，一个美国乃至世界财富史上的神话就此产生。没过几年，约翰·戴维森·洛克菲勒就创立了美国最有实力的企业——标准石油公司，这家垄断企业所提炼和销售的石油几乎占当初美国同类产品总量的90%。

诗人席勒说："真正的价值并不在人生的舞台上，而在我们扮演的角色中。"约翰·戴维森·洛克菲勒认为自己的价值在商业舞台上，他粉墨登场，在放开手脚毫无顾忌以后，为我们上演了一幕精彩绝伦的人生大戏。

第五节　塞翁失马，焉知非福

祸兮福之所倚；福兮祸之所伏。

——老子

"克拉克，糟了，出了大事。"一大早，约翰·戴维森·洛克菲勒火急火燎地对莫里斯·克拉克喊了起来，在他看

来，这个世界都快崩塌了。

约翰·戴维森·洛克菲勒的慌张举动，让莫里斯·克拉克感到又意外又好笑。意外的是，与约翰·戴维森·洛克菲勒相处了这么多年，他永远是一副面无表情、看不出悲喜的样子，他既然这么慌张，一定是出了大事。

好笑的是，约翰慌张的表情实在滑稽可笑。与约翰·戴维森·洛克菲勒不同，莫里斯·克拉克性情随意，他不像约翰·戴维森·洛克菲勒那样一丝不苟，看到约翰急得要命的样子，莫里斯·克拉克还是忍不住笑了起来。

"还笑啊，克拉克，如果你到外面货船上去看看，保证你再也笑不出来了。"约翰·戴维森·洛克菲勒一边焦急地大声对莫里斯·克拉克说，一边擦拭着脸上的汗水。

"货船不是来了吗？货船又怎么了？"莫里斯·克拉克一边嘀咕，一边走出门去，他以为这是一个愚人节的玩笑。因为在他看来，货船的最大新闻莫过于翻船，既然货船到了港口，还有什么好担心的？

走进货船，莫里斯·克拉克一下子明白了约翰·戴维森·洛克菲勒的慌乱是因为什么。他的脸上也一下子惊出了大粒的汗珠。

"约翰，我们不是订的黄豆吗？但是怎么石头和垃圾与黄豆一样多啊！"莫里斯·克拉克大叫起来。

整个一天，克拉克-洛克菲勒公司的两位年轻的合伙人都在愁眉苦脸中度过。两个人都默不作声，因为他们被眼前的一切惊呆了，明明要的是黄豆，但是这些黄豆都隐藏在石头和垃圾之中。

一向开朗的莫里斯·克拉克抱头无语，而从来行动第一的约翰·戴维森·洛克菲勒则一言不发地开始从垃圾堆中拣黄豆。这时候要是有一个美丽善良的仙女派来会分拣豆子的鸽子该有多好？当然，两个年轻人谁都不是灰姑娘，分捡豆子的工作他们必须靠自己完成。

圆溜溜的小黄豆与垃圾、小石头块混合在一起，很难翻拣。看着如小山一样的黄豆垃圾混合物，两位准备在农产品贸易中大干一场的年轻人都十分沮丧。

约翰·戴维森·洛克菲勒不愧是一个出色的记账员，经过一晚上的反复计算，他算出这笔生意公司赔了200美元。而为了生意的继续，至少还要筹措400美元。400美元在今天也许不是什么大数目，但是在当时，也算是一笔不小的款项，那可是一般职员一年的工资呢。

莫里斯·克拉克的性格比较外向，刚发现货物出了问题的时候他很沮丧，但他很快就恢复了乐观轻松的样子。

"那好吧，约翰，作为合伙人，我们各自补足200美元，一周后交到公司。这样也算公平。"莫里斯·克拉克对"小同学"说，看来这是他们共同付出的第一笔学费。

莫里斯·克拉克家庭富裕，200美元不算什么大事，而对囊中羞涩的约翰·戴维森·洛克菲勒而言就不那么容易了。约翰·戴维森·洛克菲勒有些犯难，没办法，他只好向自己的抠

门父亲借款了，年轻的创业者为一时的大意付出了沉重的代价。

中国古代有个故事叫塞翁失马，几乎家喻户晓。故事出自《淮南子·人间训》，说有一个精通术数的老人，就是懂得道家阴阳五行的生克制化理论的人，他能用这种理论推测自然、社会和人事的吉与凶。老人和他的家人生活在边塞，靠近野蛮的胡人。边塞遍地荒凉而广阔，几乎家家都养马。有一次，他家的马跑到了胡人那边，胡汉界限分明，老人不可能去胡地找回自己的马。邻居们纷纷来安慰这个损失了财产的老者。

"怎么能说这不是一件好事呢？"老人的回答让众人如坠云雾。

没想到，这件坏事真的变成了好事，过了几个月，老人家里的马居然带着一群胡马回来了。邻居们又纷纷跑来表示祝贺。

"这又怎么知道不是一个祸患呢？"老人的回答又让众人困惑。

没想到又让老人说中了。老人的儿子特别喜欢骑马，胡地的马匹性子刚烈，奔跑的速度非常快，所以很受爱马的人欢迎。家里多了胡地的好马，老人的儿子自然要去驯服，没想到有一次骑马的时候发生意外，他从马上跌落下来，跌断了大腿，成了一个行动不便的人。好心的邻居们又来安慰这个老人。

"怎么能知道这不是一件好事呢？"老人淡然地回复各位

邻居，邻居们都以为老人悲伤过度精神恍惚了，他们不能认同老人的说法。

一年之后，胡人大举入侵边塞，凡是青壮年男子都要参加军队保家卫国，那些人几乎是有去无回，而老人的儿子却因为瘸了腿而没有从军，反而得以保全性命。

其实老人不一定是因为懂得术数才有对祸福不同的看法，那是因为他能从不同的角度考虑问题，所以唯有不以物喜，不以己悲，淡定从容，才能看清事情的本质，也才能更好地把握方向。约翰·戴维森·洛克菲勒就从"黄豆事件"中收获了很多，他用200美元的学费学到了生意经。

我们前面说过，约翰·戴维森·洛克菲勒是一个兴趣爱好广泛的人，所以他经常参加一些活动。当时他在当地教会里是一个活跃分子，频繁地参加教会活动，他也以此为荣。但是第一次作为投资人踏足农贸领域就栽了一个大跟头，这让约翰·戴维森·洛克菲勒不得不反思自己是不是在社会活动与工作之间的安排上出现了问题。深刻地反省之后，约翰·戴维森·洛克菲勒制定了严格的时间分配表，他要把工作与生活的界限尽量划分清晰，这样才能把安身立命的事业发展好。

同时，在分拣黄豆的琐碎工作中，让约翰·戴维森·洛克菲勒有时间考虑自己的搭档是不是最佳合伙人。他觉得莫里斯·克拉克有很多优点，比如他乐观开朗，为人和善，但是，莫里斯·克拉克这种性格在生意场上又显示出不利的一面，让他显得不够沉稳。约翰·戴维森·洛克菲勒是初出茅庐，而莫里斯·克拉克可不是第一天在农贸领域打转了，他却不能把事情考虑周全。创业是一件极为严肃的事，这样的合伙人好像还不够牢靠，这是一个该认真思考的问题。

三个月以后，黄豆与垃圾终于全部分拣开，而约翰·戴维森·洛克菲勒也对生活重新做出了安排，在他的时间表里，生意上的区间越来越大了。

渐渐地，商业奇才显露出他的天赋。1958年底，克拉克-洛克菲勒公司扭亏为盈，获利4200美元，两个合伙人平分利润，每人得到了2100美元的回报。

美国总统林肯说："我们关心的，不是你是否失败了，而是你对失败能否无怨。"洛克菲勒有惊无险地渡过了难关，但是他心里知道，自己的内心还不够强大，需要加强内心的修炼。

Rockefeller

第二章　通往成功之路

Rockefeller

第一节　成功在于抉择

性格决定命运，选择改变人生。

——荣格

石油被称为黑色黄金，对石油的利用从远古时代就开始了。有资料说，早在18世纪，印第安人塞尼卡部落的人就把石油用在了日常生活中。原始部落对石油的认知比较有限，所以石油的价值还没凸显出来，但是到了19世纪50年代，随着石油的多种功用被人们发现，石油的身价就不同了。

乔治·比斯尔这个毕业于达特默斯学院的中学校长兼律师对化工原料有一种天生的敏感，他组建了宾夕法尼亚石油公司，并把当地的石油样本送到了耶鲁大学的小本杰明·西里曼那里进行化验，小本杰明是当时最著名的化学家之一。

著名的化学家给出了一份化验报告，这份报告切开了大地的血管。因为在报告中，小本杰明·西里曼指出，这种被化验的油可以提炼出优质的照明油，并且还可以生产出许多有用的副产品。

1859年的8月28日，宾夕法尼亚州的一口探油井里终于咕嘟咕嘟地冒出了黑色的"液体黄金"，从此，世界的经济格局

改变了。

但是乔治·比斯尔没有成为"石油大王"，因为约翰·戴维森·洛克菲勒涉足了石油领域。

约翰·戴维森·洛克菲勒进入石油领域完全是受一个石油爱好者的蛊惑，那个人是莫里斯·克拉克的好朋友塞缪尔·安德鲁斯。

塞缪尔·安德鲁斯是照明油方面的专家，经过考察，他发现从石油中提取的煤油要比其他光源明亮许多，在暗夜里还有什么比光明更诱人的吗？这意味着煤油的市场也将是一片光明。

可是塞缪尔·安德鲁斯只有眼光，却没有金钱，他需要有人投资，于是他经常光顾朋友莫里斯·克拉克的公司，在这里他熟识了约翰·戴维森·洛克菲勒。

其实塞缪尔·安德鲁斯最想说服的是莫里斯·克拉克，可是每当他向老朋友提起石油这个词的时候，他的朋友都会毫不客气地打断他："我告诉过你，这事没希望，亲爱的安德鲁斯，建议你想想别的办法，我们不会拿出钱来。"克拉克双手一摊，表示爱莫能助。

好在莫里斯·克拉克关上门的时候，约翰·戴维森·洛克菲勒为塞缪尔·安德鲁斯开了一扇窗。

约翰·戴维森·洛克菲勒对塞缪尔·安德鲁斯的成果很感兴趣，因为他熟读圣经，知道给世界带来光明是一件不亚于普罗米修斯之火的事件。聪明的塞缪尔·安德鲁斯转变了方向，他觉得约翰·戴维森·洛克菲勒这个年轻人要比自己的老朋友更有眼光，他做出了正确的判断。在塞缪尔·安德鲁斯对石油前景的描绘中，约翰·戴维森·洛克菲勒认真地考虑了这个领域的发展可能性，他觉得应该做出尝试。

当时约翰·戴维森·洛克菲勒在投资铁路股份中获利，他又动员莫里斯·克拉克加入石油生意行列。莫里斯·克拉克对约翰·戴维森·洛克菲勒的商业感觉还是比较相信的，于是两人共同投资4000美元为新建的炼油企业——安德鲁斯-克拉克公司提供了一半的运转资金。

约翰·戴维森·洛克菲勒的钱可不是轻易出手的，尽管他做生意赚了钱，可是那些钱不是大风刮来的，是他精打细算的结果，所以他精心为安德鲁斯-克拉克炼油公司选择了厂址。他看中了离克利夫兰市中心一英里半路程的金斯伯里小河边的一块土地。那条水路不宽，但是离宽阔的凯霍加河不远。附近还有铁路，把克利夫兰和纽约市连成一条线，水陆并行，安德鲁斯-克拉克公司的运输通道将是最便捷、最省钱的一条。

不久以后，金斯伯里河一带就出现了一串炼油厂，这些小炼油厂为约翰·戴维森·洛克菲勒的石油产业开启了新时代。

塞缪尔·安德鲁斯对做生意一窍不通，他让莫里斯·克拉克和约翰·戴维森·洛克菲勒去管理公司的日常事务，自己只管炼油技术方面的事情。而莫里斯·克拉克原本就不太情愿参与石油业务，这样安德鲁斯-克拉克公司的石油业务都由约翰·戴维森·洛克菲勒来操心了。

约翰·戴维森·洛克菲勒乐此不疲，他对生产环节事无巨细，十分关心，他经常到生产车间巡视。一天早晨，约翰·戴维森·洛克菲勒来到制桶车间，亲手把油桶一个个推出来，他发现石油提炼出来之后还会残留下一些硫酸。直觉告诉约翰·戴维森·洛克菲勒把这样的废料直接倒掉是一种浪费，请教过专家之后，他决定做一次大胆的实验。他想到了一个巧妙的方法，堪称一举两得，他要用那些残余物来生产化肥——这是他头一次想到用废弃物生产副产品。他成功了，不到一年，炼油业务就成为他们公司最赢利的行当，而且生产的过程没有任何的浪费。约翰·戴维森·洛克菲勒紧紧抓住了这个大展宏图的机会，一头扎了进去。

在经营石油产业期间，约翰·戴维森·洛克菲勒并不是只想着赚钱，他的心也时时与生命、自然的脉搏一起跳动，他为自己的抉择再一次陷入到沉思中。

1860年，约翰·戴维森·洛克菲勒代表一群炼油资本家去了泰特斯维尔油田，此行的目的是考察石油生产的环节，以确保自己炼油厂的石油供应。他在油田看到，为了把原油运到铁路边上，人们把它装在简陋的桶里，用大车拉着走上崎岖的乡间小路。

装满石油的车队排成了一字长蛇，许多油桶从车上掉下来，一些油桶发生了严重泄露。这样，一片田园风光的景象，已经被乌黑肮脏的石油污染，更糟糕的是，这里的道德风气急转直下，采油工人都是没受过高等教育的工人，他们在小村子里狂饮乱叫，和一些妓女赌徒也毫无区别。约翰·戴维森·洛克菲勒直皱眉头，他不知道自己的选择是不是正确的，因为他发现，石油的开采给人们带来了动力和光明，给人们带来了巨额的财富，给土地留下的却是伤痕和污染。约翰·戴维森·洛克菲勒看到曾经的世外桃源，现今已是满目疮痍，内心不由得升腾起改变现状的渴望。

法国文学家福楼拜说："一生中，最光辉的一天并非功成名就的那一天，而是从悲叹与绝望中产生对人生挑战与勇敢迈向意志的那一天。"约翰·戴维森·洛克菲勒始终有一种以济世为己任的情怀。他就在这种情怀的驱动下，一次次地尝试着各种选择。

第二节　最后一秒的奇迹

人生一世，总有些片段当时看着无关紧要，而事实上却牵动了大局。

——萨克雷

最初的钻探石油，并不像现在一样成为机械化大工业生产的一部分，还处在一种摸索的状态，谁也不知道这个行业的前景到底如何，人们都像几年前的淘金热一样，一听到哪里出产

石油便蜂拥而至，等到将这个地方的石油开采干净，就转战到下一个地方。

约翰·戴维森·洛克菲勒不这么看，他是一个具有远见卓识的商业奇才，在他看来，开采石油不是一个精细的行业，有些粗放生产的味道，再者，石油是不可再生资源，这样的无限制开采，早晚会造成石油资源的枯竭。于是他将目光盯到了炼油行业，他发现，越是接近一个行业下游的工业，越是利润最高的环节，因为这里加入了很多技术因素，产生了更大的附加值。没过多久，洛克菲勒拥有了这样的信念：炼油是从这个行业中获得最大利益的关键。

一切并非都那么如意，约翰·戴维森·洛克菲勒的想法和合伙人莫里斯·克拉克的理念越来越背道而驰。在莫里斯·克拉克眼里，约翰·戴维森·洛克菲勒是一个只会记账的吝啬鬼，而约翰·戴维森·洛克菲勒却认为莫里斯·克拉克是一个不折不扣的短视鬼。

起初，约翰·戴维森·洛克菲勒隐忍着，一半是为了友谊，一半是为了保留最初创业时那份艰辛却振奋人心的回忆。可是道不同不相与谋，后来他们还是分手了。

"因为我贷款扩大炼油业务，他非常不满，似乎我冒犯了他。"约翰·戴维森·洛克菲勒这样说起他与莫里斯·克拉克分手的原因。

看来石油是两个老搭档的敌人，他们一个厌烦地看着那奇怪的液体，一个热恋着"黑色黄金"。莫里斯·克拉克看到约翰·戴维森·洛克菲勒越来越胆大，不再是当初那个看到半船黄豆半船垃圾而大惊失色的年轻人了，几年的光景，让这个毛头小伙子敢于动用成千上万的资金不说，竟然敢向银行借钱做生意了，而且那个数目大得惊人，他可不想冒险跟一个冒失鬼一起血本无归。约翰·戴维森·洛克菲勒却认为莫里斯·克拉克鼠目寸光，放着大笔大笔的钱不赚，偏偏钻到"借钱"的牛角尖里。自己敢借，银行又肯借，这说明自己和银行都有信心，那还有什么可怕的，你莫里斯·克拉克坐等收钱，还一副忧心忡忡的样子，真是不可理喻。

"我们当初的业务发展得多好，每个月都有很多收入，但是为了发展这个该死的石油业务，我们一直在借钱，借的钱太多了。"当约翰·戴维森·洛克菲勒觉得资金有些紧张，请莫里斯·克拉克再筹措点资金时，莫里斯·克拉克一听又要借钱，就朝约翰·戴维森·洛克菲勒发火了。莫里斯·克拉克还是那种小富即安的心理，他从内心深处反感约翰·戴维森·洛克菲勒的激进做法。

"钱这个东西，流动起来才是钱，不流动的话，只是一堆废纸。只要借钱能稳稳地扩大业务，我们就应该借！"约翰·戴维森·洛克菲勒也不想再忍让了，他已经受够了合伙人的目光短浅，于是毫不退让地反驳说。

"那我们的合作就到头了！"莫里斯·克拉克企图用散伙吓退这个光想着借钱的年轻人。

"看来也只能这样了。"让莫里斯·克拉克没想到的是他

的话并没有把约翰·戴维森·洛克菲勒吓倒。

貌合神离的合作勉强维持了几个星期以后，莫里斯·克拉克和约翰·戴维森·洛克菲勒不欢而散了。

1865年1月，有人在皮特霍尔河边发现了一座油田，那些对石油感兴趣的人纷纷拥向那里，约翰·戴维森·洛克菲勒也想在那里开展自己的业务，这个想法成了约翰·戴维森·洛克菲勒和莫里斯·克拉克决裂的催化剂。当年的2月1日，约翰·戴维森·洛克菲勒把几个合伙人请到家里，向他们说明自己快速发展炼油厂的意图，重点是请大家一起筹措资金，这样的做法彻底激怒了莫里斯·克拉克，他没想到他说散伙后约翰·戴维森·洛克菲勒不仅没有兑制，反而变本加厉，更加大张旗鼓地要做石油生意，两个人又吵了起来。

强扭的瓜不甜，莫里斯·克拉克和约翰·戴维森·洛克菲勒都同意解散公司，公开竞拍价高者得之。

拍卖那天，莫里斯·克拉克请来一位专业律师，摆出了一副志在必得的姿态，而约翰·戴维森·洛克菲勒则像证明自己的确是一个吝啬鬼一样，他省下了律师费，亲自出马。

公司拍卖的底价是500美元，但是很快就涨到了100倍，这是一个天价了。当然没有谁期望在拍卖时以底价买到拍品，但是以高于底价100倍的价格购买也实在是太离谱了！还有更离谱的，50000美元还不是最终的价格，莫里斯·克拉克和约翰·戴维森·洛克菲勒频繁加价，他们曾经一起奋斗的公司以特殊的形式价值飙升，价钱提到了7.2万美元。

"7.25万！"约翰·戴维森·洛克菲勒喊道。

全场都窒息了，这个公司并不值这些钱，一向精明的商业天才疯了吗？人们等待下文，似乎莫里斯·克拉克加价已经成了一种惯性，可是这惯性终止了，莫里斯·克拉克没有再发出声音，他用沉默表示自己退出了这场疯狂的竞拍。

莫里斯·克拉克稳稳地拿到了他卖公司的钱，这些钱不会因为谁盲目投资而损失掉，可是同样也不会因为流动而带来新的伙伴了。不知道日后莫里斯·克拉克看着当初的合伙人成为世界首富时心态会怎样，是懊恼还是平和，这恐怕只有他自己知道了。

约翰·戴维森·洛克菲勒很兴奋，虽然他付出的钱多了些，但是他认为太值得了，因为从今以后公司就是自己的了，谁也不能左右他的意志了。标准石油公司属于约翰·戴维森·洛克菲勒了，在26岁的时候，一个年轻人拥有了一个每天能提炼500桶原油的炼油厂，这是当地第二大炼油厂产量的两倍，这个产量也能跻身于世界大炼油厂之列了，还有什么比这个更让人开心的吗？

约翰·戴维森·洛克菲勒具有全球性的视野，他的目标并不是做到克利夫兰市最大的企业。19世纪80年代初，标准石油公司的产品在很长一段时间实行全球垄断，"洛克菲勒"的大名威震海外。但是扬名立万不是石油大亨的目的，永久地占有市场，不断地赚钱才是商人的追求。

1882年标准石油公司派出威廉·赫伯特·利比去远东进行

为期两年的调查。

利比到了远东，注意到石油在欧洲是一种生活的必需品，但是当地的人们根本不知道这个乌黑的物体究竟有什么用。利比想起临行前洛克菲勒对自己的教诲："要想让大家接受你的产品，最先要做的就是培养大家消费这种产品的习惯。"

于是利比便在当地劝说人们使用煤油。正如洛克菲勒所说："在许多国家里，我们得先生产油灯，再教当地人学会使用煤油。"利比深刻地领会了老板的商业精髓，他印刷了一船煤油灯的宣传手册，指出煤油灯比传统照明物的优势所在。他还别出心裁，雇了一艘艘小舢板，满载标准石油公司的产品逆流而上，向中国内陆深处驶去。这次航行，是商业史上一次著名的案例。

为了扩大人们对煤油的需求，公司以低价卖出了成千上万盏煤油灯和灯芯，有时还免费赠送给第一次买煤油的顾客。俗话说，天下没有免费的午餐，洛克菲勒公司的做法也不例外，没过多久，洛克菲勒公司的产品就占有远东市场的绝大部分份额。

但还是有坏消息传来——俄国的巴库发现了大型油田。很快，低价优质的俄国煤油取代了洛克菲勒公司的产品，占了欧洲市场绝大部分的份额。

美国驻巴库领事J·C·钱伯斯向洛克菲勒警告说：俄国人的确雄心勃勃，他们的做法很疯狂，立志要把美国石油从欧洲市场赶出去。

　　洛克菲勒觉得俄国的石油工业是一种威胁，于是使出了不二的商业法门——大打价格战。而且在贩卖煤油的时候，还顺便宣传一下俄国石油稳定性较差的缺点，尽管这种捕风捉影的谣言无从考证，但是久而久之，欧洲用户对俄国石油的产品真的产生了怀疑，美国石油的份额又奇迹般地上升了。

　　这次海外市场的价格战，使得洛克菲勒意识到，一个公司不能偏安一隅，而应该有全球视野。激烈的海外竞争再次激起洛克菲勒的斗志，他决定设立自己的海外机构。1888年，标准石油公司设立了它的第一个海外分支机构——英美石油公司，这个公司集合了采油和炼油两个产业，很快垄断了英国的石油生意。

　　两年后，标准石油公司又在德国的布莱梅成立了德美石油公司，负责德国的市场，这样德国市场又成为标准石油公司的新兴市场，获得了巨额利润。

　　洛克菲勒又在荷兰鹿特丹建造了一个石油输送站，签订了一个向法国供应全部所需原油的合同，买下了荷兰、意大利石油公司的部分股份，并策划在亚洲进行一场激烈的价格战。标准石油公司还向欧洲派出了第一艘装载量为100万加仑的巨型蒸汽油轮，往来于美国和欧洲之间，传送石油产品。到1890年，标准石油公司为了抢亚洲的生意，甚至屈尊代销俄国煤油。标准石油公司终于在亚洲设立了一系列营业所，并向上海、马尼拉、加尔各答、孟买、横滨、神户和新加坡等地派去

了一批职业经理人。从此，竞争便成了国际石油业一成不变的事实。

约翰·戴维森·洛克菲勒不害怕竞争，此时标准石油公司已在全球拥有了十万名员工，洛克菲勒创立的这个石油帝国成了世界上最大的融生产与商业为一体的行业机构。那个在最后一秒拍下来的公司已经完成了最华丽的转身。

第三节　商人哲学家

> 如果你不采取行动，世界上最实用、最美丽、最可行的哲学也行不通。
>
> ——约翰·戴维森·洛克菲勒

约翰·戴维森·洛克菲勒不仅仅是一个商人，更多的时候，他宁愿让大家把他称为思想家。坚守底线，知道自己要什么，能为别人带来什么，这恐怕就是最朴素也是最根本的思想了。

在约翰·戴维森·洛克菲勒的商业规则中，他将自己的商业信誉放到了首位。他认为真正的商人必须信守契约精神，对待账单和债务要及时归还，尤其是不能赖账。而且公司的大股东要公平地对待小股东，不发行虚假股票，不使小股东的股票稀释，利润受到损失。

除了坚持商业信誉这一法则之外，约翰·戴维森·洛克菲勒还格外重视补偿原则。他一直想将自己塑造为一个清白的商人形象。如果他的代理人销售业绩不佳，他会第一时间知道详情，很多人表示惊讶，无法理解在当时的通讯条件下，洛克菲勒是如何知道这些信息的。其实秘密在于洛克菲勒的好习惯，他将各地代理商的资料分门别类，以每个月为期限，在卡片上记录各地经销商的营销情况。洛克菲勒要根据业绩，实行独特的补偿机制，当然，这种补偿是秘密进行的。

标准石油公司的商业间谍们，收集的情报大部分来自煤油经销商和杂货店老板，以及铁路运营商。约翰·戴维森·洛克菲勒隐居在自己的寓所，真正做到了运筹帷幄之中，决胜千里之外。他靠的就是自己设下的伏笔——这些最早的商业千里眼、顺风耳。在百老汇26号，约翰·戴维森·洛克菲勒操控着他的商业帝国，他仿佛能看到他的王国在最偏远的角落如何与对手竞争。

当时标准石油最常用的策略，一是低价策略，从源头上打压对手，还有就是大量散布谣言，说那些为数不多的独立销售商都在苦苦挣扎，存储并不丰富，用不了很久就会无力供应石油，以吓跑他们的客户，让他们投向自己的公司。

洛克菲勒的做法有欠光明磊落，于是他寻求内心良知的平衡。在他的商业思维里，并不认为这种商业竞争是不道德的，相反，他认为这种垄断是为民造福。他经常自言自语，这是为了穷人们的光明。

或许是重复的话语会带给约翰·戴维森·洛克菲勒继续扩大生产的信心，这种为民造福的理论，在他的著作里虽不可见，却成为他独特的经营理念。

实际上，约翰·戴维森·洛克菲勒自小生长在农村，他十分理解农民的疾苦，也知道廉价的煤油对农民来说意味着什么，那意味着家庭的温馨聚会，意味着深夜苦读改变命运的学习成为可能。

约翰·戴维森·洛克菲勒好像是一个做事卑鄙，思想高尚的人格分裂患者。他一方面垄断经营，把同业者挤压得无处容身，另一方面他又拥有一种悲天悯人的情怀，对那些穷人他总是大开方便之门。无论怎么说，他公司的经营宗旨确实给大家带来了更多的光明。有时候，洛克菲勒甚至不惜牺牲丰厚的利润，也要守住经营的底线，争取扩大生产，提高产量，降低产品价格，当初身家富有的莫里斯·克拉克眼里的吝啬鬼为那些家境贫寒的人带去的温暖和幸福真的无法估量。

"标准石油公司一直记住这样一个事实：我们一定要提供最好的服务，满足于大量增加的业务，而不是增加利润去诱使别人与我们竞争。"约翰·戴维森·洛克菲勒这样说。

当然，天才商人约翰·戴维森·洛克菲勒明白，什么产品都有自己的生命周期，尽管自己处在事业的高峰，但是居安思危，一定要找到事业新的增长点。

1883年，由J·N·皮尤为首的一个商业集团，把一种新兴的洁净能源——天然气用管道送到了匹兹堡市。洛克菲勒凭着敏锐的商业嗅觉，很快就看出天然气无限的市场前景，是对石油生意的补充。于是洛克菲勒决定标准石油公司应该在这个领域里发展。

约翰·戴维森·洛克菲勒这种跟风战术，往往能获得比原创者更好的商业成果。两年内，标准石油公司就把天然气从宾夕法尼亚西部运到了俄亥俄州和纽约州的各个城市，到了19世纪90年代，洛克菲勒已经秘密掌管着泰特斯维尔、石油城、布法罗和其他13个地区的天然气公司。

1886年标准石油公司创建了天然气托拉斯，洛克菲勒是其最大的股东，洛克菲勒又站在了新兴能源市场的前沿。

带着自己的经商哲学，约翰·戴维森·洛克菲勒走到了商场的制高点。

第四节　通往成功之路的勇气

胜者靠的是勇气，而不是力量。

——高尔基

是不是所有的路都不会是坦途？在前进的道路上，石油大王也遇到过难以逾越的障碍，但是他没有止步，所以他成

为了"王"。

自德雷克在宾夕法尼亚州发现石油25年后，美国境内再也没有发现大油田，因此人们总怀疑洛克菲勒帝国的根基是否还坚如磐石。

约翰·戴维森·洛克菲勒长期以来也被两个截然相反的噩梦所困扰：一个是自己的支柱产业——石油开采面临枯竭，自己大量的石油管道和炼油设备锈迹斑斑；还有一个噩梦就是自己的公司被越来越多、越来越廉价的石油所吞噬。一段时间以来，他常常被这样两个噩梦惊醒。这不是杞人忧天，石油是不可再生资源，约翰·戴维森·洛克菲勒的梦境，实际上是一种高瞻远瞩的视野。

在一次高级经理会上，大家说出了内心的不安，有人甚至建议标准石油公司退出石油业，转入一种更为稳定的行当。

"上帝会赐予我们一切，上帝保佑我们。"听完这些悲观失望的发言后，约翰·戴维森·洛克菲勒站起身仰天祷告道："约翰·戴维森·洛克菲勒是虔诚的教徒，他深信石油是上帝的赐予，它深埋在地下，又被盗火者取到人间，这里必有深意。"

实际上，尽管标准石油公司在炼油、运输和销售等方面业绩突出，可直到19世纪80年代初，它还只拥有四处石油生产基地。悲观的情绪再次在公司内部蔓延，很多人甚至预言，约翰·戴维森·洛克菲勒的公司不到十年就会破产。

不管那些预言者是什么心态，恶意的还是善意的，他们说的都成为了事实。很快，宾夕法尼亚的油田已枯竭。好在约翰·戴维森·洛克菲勒1884年就开始催促手下建立原油储备，凡事考虑周全的他甚至想过转战俄国，从彪悍的俄国人手中抢夺石油。

或许是洛克菲勒虔诚的祈祷起了作用，神迹出现了，一个伟大的转折点到来了。1885年5月，一支勘探队在俄亥俄州西北部与印第安纳交界的莱玛镇寻找天然气时，意外地钻探出一片油田。洛克菲勒认为这是天赐良机，迅速做出部署，于是，那里一下冒出了250多个石油井架，并且一直延伸到印第安纳州。

美中不足的是，这个天赐的油田所产的原油并不是纯石油，里面含有一种独特的化学成分，会让用户的灯罩蒙上一层类似于蜡质的物质，这样一来，本来是带来光明的石油，却成为乌黑的杂质，这本身看起来就像个笑话。更糟糕的是这次开采出来的石油里面硫化物含量过高，不仅对采油机器的腐蚀性很大，而且气味刺鼻，让人难以承受，这样的产品是不可能有市场的。

公司里有人主张放弃这个油田，因为原油的品质决定了提炼物的品质，投入得越多可能就会赔得更多。但是约翰·戴维森·洛克菲勒不这么想，他坚持认为这是能解决的问题，这是上帝赐给他的礼物，或许这原油里的异物也是上帝对他的一个考验。

为了解决原油质量的问题，约翰·戴维森·洛克菲勒请来

了一位德裔化学家名字叫赫尔曼·弗拉希，请他去掉莱玛油田里石油的杂质，他对这位化学家很有信心。但不是所有人都有这样的信心，他们担心公司花费巨资买下了俄亥俄州与印第安纳交界的那一大片土地后，却不知何时赫尔曼·弗拉希才能研究成功，而且还有不成功的危险，那样会血本无归。如果等着赫尔曼·弗拉希实验成功，可能那块地早被别人买走了。

又到了一个分岔的路口，怎么办呢？

"我想这次是上帝的一次恩赐，我们不能让机会在自己手上溜走，所以我决定增加投资。"约翰·戴维森·洛克菲勒在董事会上开门见山。

虽然大家都很信服洛克菲勒，但是这次风险的确太大了，所以大多数董事不同意洛克菲勒的决定。

"既然大家有顾虑，我想该是我承担责任的时候了。我用自己的钱进行这项投资，并且承担两年的风险。"洛克菲勒行事一向谨慎有加，这时却显示出远见和胆量，他决定在莱玛石油上赌一次。

"两年后如果成功了，公司可以把钱还给我；如果失败的话，由我来承担损失，和大家没有任何关系。"洛克菲勒坚定地说。

约翰·戴维森·洛克菲勒拿出300万美元进行投资，标准石油公司耗巨资买下了莱玛镇大部分油田，还铺设了输油管道，洛克菲勒准备大干一场。

但是这次好运气似乎没有站在洛克菲勒身边，那种带着

"臭鼬"般气味的石油每桶只卖15美分，根本没有市场。试想，谁会愿意使用这种气味难闻的煤油呢？那不仅不能带来光明，还带来了污染。

唯有约翰·戴维森·洛克菲勒毫不灰心，他坚信自己的决策是正确的。他让公司把这些石油库存起来，到1888年的时候，这批石油的存量已经达到4000万桶以上。而且约翰·戴维森·洛克菲勒在这场赌博中没有单纯依靠化学家们，他还到处寻找这种难闻石油的新用途。

有一天，约翰·戴维森·洛克菲勒觉得应该改变思路，以前的思路是这些石油的用途是家用，这条路看来是行不通了，为什么不转换一下思路呢？这些石油能不能用在工业上呢？毕竟，工厂里对气味的忍耐力，要好过家庭。于是，约翰·戴维森·洛克菲勒派出一批批推销员和技术人员，去动员铁路公司用石油代替煤炭做内燃机车的燃料，劝说旅馆、饭店用石油做燃料替换煤炉，做各种燃料的替代品。不过遗憾的是这些生意并未做大。

天道酬勤，到1887年10月，赫尔曼·弗拉希用氧化铜去硫法在处理莱玛原油上取得成功，生产出了可供上市的煤油，于是公司那些封存的原油都能重见天日了，标准石油全力以赴地投入了石油生产，约翰·戴维森·洛克菲勒凭借自信和勇气打了一场漂亮的硬仗。

约翰·戴维森·洛克菲勒恢复了活力，开始进行这一行业前所未有的大并购。1890年他吞并了联合石油公司和其他三家

大型石油生产公司，控制了宾夕法尼亚和西弗吉尼亚州30万英亩的土地，从此成了该行业中的头号霸主。

在一次次的考验中，约翰·戴维森·洛克菲勒并不是盲目自信，也没有自暴自弃，更不是被动等待解决问题的方法，而是勇敢地尝试各种可能，尽量将损失转化为有利条件。虽然上天没有降临什么奇迹，但是洛克菲勒的勇气本身就是一种奇迹，不断进取的生命奇迹。

第五节　行动决定命运

> 很多人都承认没有知识是不行的。但令人沮丧的是，即使空有知识和智慧，如果没有行动，一切仍属空谈。
>
> ——约翰·戴维森·洛克菲勒

三十而立，人们对于自己的人生都有一个理性的安排。

"30岁前，必须达到人生的目标。"这是约翰·戴维森·洛克菲勒经常挂在嘴边的一句话。

约翰·戴维森·洛克菲勒坚持认为，30岁之前是重要的学习阶段，这一时期，每个人都要忍受重复枯燥、苦不堪言的知识积累过程，但是，一旦越过了这道坎，眼前展现的就是奇妙的世界景象。

曾经有一段时间，约翰·戴维森·洛克菲勒觉得学校学的东西都没什么意思。当时他只是一个借读的高中生，呆板的令人生厌的教学、枯燥的数学公式，还有矫揉造作的语法教学，都令这个无拘无束的孩子感到无比乏味。

"学习条件差。尤其是目标很不明确。有时我会陷入一种幻觉，头天晚上失眠一整夜，到天亮时睡两个小时，第二天一早，我与太阳一道醒来，却感到年轻力壮，精力充沛。正如惠特曼的诗所说，我'健康、自由，世界展现在眼前'……"约翰·戴维森·洛克菲勒对那时的自己这样评价。

有一段时间，约翰·戴维森·洛克菲勒实在是闲得无聊，就到处闲逛。他决心效仿在路上或者麦田守望者一类的青年，随便坐上一辆巴士，到处流浪。

他来到了犹他州，在天黑的时候，敲开了一个农场主的门。那是一个很和善的人，他热情地招待了这个浪漫的年轻人。约翰·戴维森·洛克菲勒在主人家里饱餐了一顿，然后蒙头大睡，他以为这就是浪迹天涯的生活，这样多好啊，无拘无束，再也不用背诵那些恼人的课文和令人生厌的数学公式。

一天，约翰·戴维森·洛克菲勒在路上漫无目的地走着，好像天地间只剩下自己，这是一次成熟的标志，终于不用看父母的脸色了。小伙子轻快地吹起了口哨，他摸了摸书包里的饼干和汽水，他觉得这些就足够自己流浪天涯的了。有时候走累了，他就伸手拦着各种疾驰而过的汽车，这是流浪汉小说经典的手势。不过那些车，都没有停下来的意思，一股股黑烟把他呛得够呛。

一个农民开着一辆看不出颜色的卡车，在约翰·戴维森·洛克菲勒身边停了下来。约翰·戴维森·洛克菲勒像看到了救世主一样，钻进了卡车，他觉得刚才的挫败感已经荡然无存，他又开始憧憬未来的流浪了。

"你想去哪啊，小伙子，看你浑身的脏样。"那个农民打断了洛克菲勒的幻想。

"我啊，我将要去向我最爱的地方，不要问我方向，这条路会指引我到达彼岸和花香。"洛克菲勒好像被自己感动了，他还沉浸在惠特曼的诗句里，他用了惠特曼的《通向远方的大路》来回答好心人的提问。洛克菲勒洋洋自得，认为这样显得很有诗意。

"孩子，天啊，难道你想告诉我，你竟然连个准确的地方都不知道，也就是说，你在胡乱走啊。"没想到，农民的脸上露出了惊讶的表情。

"当然我有目的地，只是它在不断地变——几乎每天都在变。"约翰·戴维森·洛克菲勒很自豪，因为他的回答是如此富于诗意。

突然，那个农民把车停在路边，声色俱厉地命令洛克菲勒滚下去。他毫不留情地数落着洛克菲勒：

"听着，小子，我本来以为你有什么需要，现在我才知道，原来你是一个游手好闲的家伙，你根本不知道你要的是什么，今天我告诉你，老老实实呆在一个地方，先养活自己，再说你那些鬼梦想！"

说完，这个农民将卡车开走了，也将洛克菲勒的希望开走了，只剩下约翰·戴维森·洛克菲勒呆呆地伫立在大路上，目光所及，是一望无际的公路，好像长得一模一样，每一寸公路上，只书写着一个词——绝望。

约翰·戴维森·洛克菲勒好像忽然有所顿悟，因为自己的荒唐念头，还梦想着流浪，现在连最基本的养活自己都成问题。还谈什么梦想呢？

惠特曼告诉自己要流浪，要去远方，而这个农民说自己要养活自己，然后才是实现梦想。两个人谁说得对呢？洛克菲勒经过冷静的思考，认为两个人说的都对，一个人先要自立，然后再去实现梦想。

很多年以后，约翰·戴维森·洛克菲勒还是难以忘怀，在漫漫黄沙的公路上，一个农民用近乎粗暴的方式，骂醒了自己不切实际的幻想。他终于明白了，梦想虽好，但是如果没有现实基础的话，永远是可望而不可即的幻想。

所以，人生必须有一个切实的目标。一旦确定了目标，就应尽一切可能，努力培养达成目标的充分自信。没有准备的目标，就完全背离了自己的初衷。

流浪的收获是懂得了流浪的意义，诗人的流浪是为了灵魂的自由，而对于一个还不懂得生活真谛的人，踏实的工作或许是最好的选择。

约翰·戴维森·洛克菲勒回到了现实。

其实工作对他来说并不陌生，还在上中学时他就很注意社会实践。每年暑假他都会到码头上搬运货物，这是世界上最苦最累的活计之一。每天要干8个小时，每周要工作6天。每天回家，这个还没完全长成的年轻人就感觉身体好像散架了一样。辛苦的劳动让约翰·戴维森·洛克菲勒明白了两件事情：一是一些人必须终生从事这种艰苦的工作，二是这种工作只是体力上的付出，丝毫体现不出智力上的价值，如果不想和这些人为伍，就要另辟蹊径，另谋出路。

约翰·戴维森·洛克菲勒决心先通过艰苦的劳动获取报酬，积攒下实现梦想的第一桶金。他不但下了决心，而且开始行动，行动是实现梦想的最好路径，所以有了后来非同凡响的"洛克菲勒"。

Rockefeller

第三章　我没有权利当穷人

Rockefeller

第一节　失败并不可怕

> 人始终要保持活力，要永远坚强，不论
> 遭遇怎样的失败与挫折，都应该充满希望。
>
> ——约翰·戴维森·洛克菲勒

埋葬青春的不是别人，正是你自己。

即便是有个富翁爸爸也未必就能考上理想的大学，"石油大王"的儿子也不能例外。约翰·戴维森·洛克菲勒的儿子没有考上理想的大学，精神很沮丧，闷在房间里好几天不出门，他觉得自己的一切都坍塌了，好像在这个世界上，自己是被上帝遗弃的羔羊。

约翰·戴维森·洛克菲勒来到儿子的房间，轻声地敲门，柔声说："儿子，有什么想不开的，和爸爸说说。我的话不一定管用，但我至少比你失败的次数多。"

过了好一阵子，小约翰·洛克菲勒才把门打开，他很沮丧，对着慈祥的父亲，有一肚子的话却无法说出口，只是低沉地说："爸爸，你都知道了，我，对不起你，我不是你希望的那样。"

"一切才刚刚开始呢，亲爱的儿子，这算什么，来，我们

两个像男人一样谈一谈好吗？"约翰·戴维森·洛克菲勒微笑着对儿子说。他将椅子移近儿子的面前，直视着他的眼睛说：

"儿子，老实说看到你现在的样子，我很难过，在你看来，人生就像一个彻头彻尾失败的航行，可是，在我看来，你连帆还没扬起来呢。"

"孩子看看这个。"约翰·戴维森·洛克菲勒从兜里掏出了一枚一美元的硬币，抛到了桌子上。

小约翰·洛克菲勒看爸爸的举动，觉得很奇怪，忍不住凑过去看个究竟。

"你看到了什么？"约翰·戴维森·洛克菲勒问儿子。

"不过是一枚硬币而已。"小约翰·洛克菲勒不明就里，疑惑地看着父亲。

"这个不仅仅是一枚硬币。就像人生的境遇一样，要知道，人生中的痛苦和欢乐，希望和失望，就像一枚硬币的两面一样，缺少了任何一面，都不是真正完整的人生。"约翰·戴维森·洛克菲勒在儿子的房间里边走边说。

"爸爸我明白了。可是，我心里始终觉得对不起你和妈妈，还有疼我的姐姐！"小约翰·洛克菲勒仍然固执地认为，自己的行为给家族带来了耻辱。

"千万不要自责，亲爱的儿子。你没考上理想的大学，并不代表你不够优秀，相反，你的表现证明你是一个要强的好孩子。你有竞争的决心和勇气。接下来我们看看，你的优势是什么，我只是想证明，你不仅什么也没有失去，反而拥有很多。

你想想看，你拥有爱你的家人，拥有一点点财富和使不完的活力，最重要的是，你拥有一颗永远向上的心灵。"

"可是，爸爸，实话实说吧，考不上哈佛，这是我感到最遗憾的事情了。"小约翰·洛克菲勒说道。

"你听过这样的谚语吗？条条大路通罗马，就像马拉松，一个人不可能一下子就抵达终点，有的时候，人生看起来像百米赛跑一样，风驰电掣，实际上，那只是暂时的速度，真正的胜利者，往往不是跑得最快的那一个，而是坚持到终点的那一个。"

"来吧，孩子，走出房间吧，知道吗，亲爱的，这个房间不仅仅是一个建筑，它更是一个心灵的牢房，你如果不能释然，就会永远被囚禁在这里。记住，没有人能真正帮助你，只有你自己才能选择，是否走出那个牢房。"约翰·戴维森·洛克菲勒觉得自己的儿子是个坚强的好孩子，因为他的眼光闪动，充满了对未来的希冀。

约翰·戴维森·洛克菲勒拉住了小约翰的手，走出了房间。

望着满园春色，小约翰·洛克菲勒终于露出了久违的笑容。他觉得自己已经很久没有来到花园，没有仔细地看着蚂蚁搬家，闻着沁人心脾的花香。他忽然觉得上不上哈佛真的没什么大不了，重要的是自己能够面对这个世界，除了哈佛，还有很多更美好的东西呢，难道不是吗？

约翰·戴维森·洛克菲勒让自己的儿子，走出了心灵的

囚禁，实际上，他起到了一个引路人的作用，真正帮助一个人的，永远只能是自己的力量。

第二节　失望之酒与机会之杯

> 命运给予我们的不是失望之酒，而是成功之杯。
>
> ——约翰·戴维森·洛克菲勒

工作与人生的关系是很奇妙的，有人把工作当成生命的一部分，认为工作能拯救一个人的灵魂，有人却只把工作当成生存的方式而做一种机械运动。石油大王洛克菲勒对工作与生活的关系有一个著名的看法，他认为如果一个人视工作为一种乐趣，人生就是天堂，而如果视工作为一种义务，人生就是地狱。洛克菲勒就是在工作的乐趣中找到了人生的支点，也实现了人生的价值。

对于一个出身贫寒学历又不高的年轻人来说，不能对工作环境和条件有什么奢望，能找到一份工作就不错了。初入社会的约翰·戴维森·洛克菲勒曾经有一份非常单调和无聊的工作，他每天的任务就是看护石油罐焊接机是不是焊接完好。这样的生活不能让约翰·戴维森·洛克菲勒兴奋起来，他觉得如果一生就这样在比白开水还寡淡的日子里度过那就太可悲了，他一定要找到释放自己的机会。

"我想换一个工作。"约翰·戴维森·洛克菲勒对车间主管说。

"你要么安心接受，要么赶快滚蛋！"主管毫不客气地对这个好高骛远自以为是的年轻人喊道。

约翰·戴维森·洛克菲勒非常失望，他觉得自己是一个思想深刻的人，他的生命就伴随着石油罐传送带一点点流逝，这实在是太残忍了，他不想这样。可是辞了职去找别的工作又能怎样呢？没有学历，没有靠山，生活实质还是没有变，依旧是换汤不换药。一瞬间，他有点沮丧，好在，他是一个真正有思想的人，他并不浅薄，他很快就参透了生活的真谛，那就是一个人只要用心，即便在平凡的位置上也能做出不平凡的事。

由于没有专长，约翰·戴维森·洛克菲勒在石油公司里只能干些初级的工作，他每天巡视在石油罐传送带边上，看着一罐罐原油在旋转台上转一圈，焊接机把焊接剂均匀地滴在油罐的盖子上，一切都是机械化自动化，他的任务就是出一双眼睛看看有没有漏下焊接的地方，而这种情况几乎都没发生过，这就让他感觉自己的工作没有意义。可是他没有能力和资本调换工作，所以他只能在原点想办法。功夫不负有心人，还真的让他找到了翻身的机会。

约翰·戴维森·洛克菲勒是一个心思缜密的人，他发现油罐每旋转一周，就有39滴焊接剂滴在盖子周围，而实际上只要滴38滴，罐子就可以密封好。为了这一滴的差别，约翰·戴维森·洛克菲勒获得了想要的管理职位，因为他为公司节约了一大笔钱。

"可否少用几滴节约成本呢？"约翰·戴维森·洛克菲勒开始做试验，并成功地研制出38滴焊接机，被公司全面推广运用。仅此一项，每年为公司节约5亿美元的开支。洛克菲勒因此得到了丰厚回报，并从此走向管理岗位。

后来约翰·戴维森·洛克菲勒开始了自己的创业，最终成为美国标准石油公司的董事长。

约翰·戴维森·洛克菲勒的成功故事给予我们心智的启迪：如何在平凡的岗位上把平凡的工作做得不平凡，追求卓越，迈向成功。

自然，不是所有的人都能迈向成功。但通过约翰·戴维森·洛克菲勒的成功故事，让我们悟出许多道理。但凡工作出色的人，他们大都倾心工作，并自得其乐。对待工作，他们充满激情，全身心投入，忘却时间，直到满意为止。因此，他们的工作往往高效而出色。而一般人则是今天的工作未完成，留待明天再做，或者干脆找个理由为自己开脱。

试想，这两种工作态度是一样的吗？他们未来职场生涯和人生际遇会是一样的吗？

每个人都渴望成功，这是自我价值得以实现的唯一途径。但是很少有人反过来想想，如果在人生的低谷，该如何调整自己的心境呢？是浑浑噩噩，混日子为主，还是像洛克菲勒那样，在一个平凡的岗位上，发现一个不平凡的工作细节？

所以，只要处处留心，注意找方法，那么人人都能成为成功者！处处都是成功的良机！外界的困难、不如意的条件、接踵而来的压力与挑战……它们无法吓倒一个真正优秀的人。法国军事家拿破仑说过："能控制好自己情绪的人，比能拿下一座城池的将军更伟大。"懂得自我控制和自我修炼的人，才是有可能走向成功的人。

第三节　关于金钱的哲学

> 为了赚钱而赚钱的人是可耻的。要让金钱成为我们的奴隶，而不是由我们去效忠金钱。
>
> ——约翰·戴维森·洛克菲勒

钱究竟有什么用，有了钱应该怎么花，有钱人应该怎样活，这都是人们津津乐道的话题，也是总也解不开的谜题。

约翰·戴维森·洛克菲勒邀请朋友们来到自己的豪华别墅欢度周末。

开始的时候，约翰·戴维森·洛克菲勒一本正经地和朋友们约定，来这里度假可以，但是每个人必须缴纳10美元的费

用，大家认为这个亿万富翁不过是开玩笑，就没人在意这个约定。没想到的是，愉快的周末之后，洛克菲勒向朋友们一摊手，要10美元的度假费。在大家一片惊愕的眼神中，洛克菲勒坦然地接过了钱，然后又绅士地为大家打开车门，微微欠身，说："欢迎下次光临。"

不知道是否会有人再次光临，但是约翰·戴维森·洛克菲勒的轶事远远不止这些。

一次，约翰·戴维森·洛克菲勒要打一个电话，可是一翻兜，没有零钱，就向秘书借了5美分，拨打了公用电话。

回到公司，约翰·戴维森·洛克菲勒找到了抽屉里的零钱，马上叫来了秘书。

"这是欠你的5美分。"约翰·戴维森·洛克菲勒笑容可掬。

秘书一脸错愕，因为他实在想不通一个亿万富翁竟然把5美分的债务放在心上，他红着脸，连忙摆手说："老板，不过是5美分，小事一件。"

"5美分，小钱？亲爱的，可别这么说，知道吗，这可是1美元一年的利息啊！"没想到洛克菲勒突然涨红了脸，将5美分的硬币在秘书面前挥舞起来。

其实亿万富翁的钱也是用分来计算的。

约翰·戴维森·洛克菲勒非常喜欢一家餐厅，他经常光顾，而且每次用餐后都会给服务生15美分的小费。有一天，他又去那里用餐，不知何故，餐后他却只给了服务生5美分的小费。

"如果我和您一样有钱，我就不会吝惜那10美分。"服务生忍不住抱怨说。

"这就是为什么你是服务生而我不是的原因。"约翰·戴维森·洛克菲勒很冷静地做出了回答。

钱是货币的通俗名称，长久以来，受到儒家思想的影响，很多中国人耻于谈钱，甚至认为钱是庸俗的别称。其实，货币是我们生活中必不可少的要素，如果你不能正视钱的功能，就会陷入两难的境地，一是认为钱是万能的，视储存货币为终生的事业，成为财富的奴隶，二是以为货币能贬抑一个人的价值，所以对货币有着天然的抗拒，甚至有"君子固穷"等迂腐思想。

货币，通俗地讲有三种功用：交换等价物、流通功用、贮藏功能。对于普通人来说，流通功用更接近于货币的本质，因为只有在流通的过程中，才能最大限度地发挥货币的价值，对于一个商人来说，流通功用更是商人的首选，在他们看来，动起来的财富才是真正的财富，贮藏的货币无异于一堆堆积的符号而已，毫无价值。

在约翰·戴维森·洛克菲勒的创业生涯里，与朋友分手并不是少有的事，但是分手的原因却基本都是一个，那就是他不能容忍合作伙伴故步自封停下前进的脚步。

1865年12月，约翰·戴维森·洛克菲勒与安德鲁斯联手开办了第二家炼油厂——标准炼油厂。4年以后，他们把两家

炼油厂以联合股份的形式合并，在俄亥俄州注册为标准石油公司，由约翰·戴维森·洛克菲勒担任总裁。从此以后，标准石油公司在一个挥舞长鞭的骑手手中四处圈地，不仅成功收购了多家炼油厂，而且还进入管道运输业，并做得有声有色，成了石油产业的一匹黑马。

但是在1878年8月，约翰·戴维森·洛克菲勒与安德鲁斯在股东分红问题上发生了分歧。安德鲁斯似乎忘了当年他鼓动约翰·戴维森·洛克菲勒时老朋友莫里斯·克拉克扮演的拦路虎的角色曾让他多么为难，现在他自己成了当年的绊脚石，他却不自知。如果约翰·戴维森·洛克菲勒是那种只贪图红利而不愿扩大生产的人，那就不会有他们的今天了，所以安德鲁斯最终的结局也注定和莫里斯·克拉克一样。

奇怪的是，安德鲁斯与莫里斯·克拉克也采取了同样的方式，他威胁约翰·戴维森·洛克菲勒说要转让公司的股票，那就是散伙的意思，所以约翰·戴维森·洛克菲勒如法炮制，他按照安德鲁斯的意愿出资100万美元买下了其手中的股票，从此以后标准石油公司更是他一家独大了。不过话又说回来，安德鲁斯的100万美元可比莫里斯·克拉克的7.25万美元高多了，与约翰·戴维森·洛克菲勒一起搭档就是捡钱，可惜，那一对老朋友都没能看清楚这一点。

关于金钱有很多故事，也有很多说法。俄罗斯大文豪托尔斯泰说："没有钱是悲哀的事。但是金钱过剩则更加悲哀。"金钱过剩的悲哀是那些空有金钱而精神空虚的人的可怜，如果拥有了金钱还能很好地支配金钱和人生，有钱总比没钱好。千万别让自己变成金钱的奴隶，为了赚钱而赚钱的人是可耻的。

第四节　契约精神

> 迄今为止，所有社会进步的运动，是一个"从身份到契约"的运动。
>
> ——梅因

适者生存的<u>丛林法则</u>，尔虞我诈的商界心计，都是被大众诟病的权谋之术，但是从另一个角度看，这些如果订立在一个契约的规范下，就不能说是一个冷血的规定，因为一个人必须要为契约付出代价。

约翰·戴维森·洛克菲勒被称为冷血杀手，因为他常常借钱给一些创业者，又在对方违背契约精神的时候，毫不留情地鲸吞对方的产业，这种做法是否正确，的确是一件见仁见智的事情，但是从契约精神的角度，约翰·戴维森·洛克菲勒也无可厚非。

在众多传闻中，有一个故事经常被提及。据说约翰·戴维森·洛克菲勒看中了一块密苏比的土地，但遗憾的是，那块地已经被德国人梅里特兄弟捷足先登了。两兄弟在无意中发现密

苏比地区是富含铁矿的宝地，于是他们开设了铁矿公司，赢得了丰厚的利润。约翰·戴维森·洛克菲勒眼看着到手的财富被别人攫取，他很沮丧，但是他并没有灰心，而是像一只老虎一样，等待着猎物犯错误。机会终于来了，1837年，美国金融危机后期，梅里特兄弟的财务状况吃紧，约翰·戴维森·洛克菲勒认为这是个绝好的机会，于是，他导演了一出双簧好戏。

一天，梅里特兄弟矿区来了一位有名望的牧师，梅里特兄弟极为尊重这位牧师，就将他让进了家里，待为上宾。

"听说最近公司财务吃紧，是吗？"牧师开门见山。

"是啊，尊敬的牧师。"已经焦头烂额的梅里特兄弟连忙接起话茬，在他们看来，牧师的出现无异于上帝的恩赐。

"亲爱的兄弟，为啥不找我呢？虽然我是个将一切献给上帝的仆人，但是我总会遇到很多好心肠的兄弟。"

梅里特兄弟顿时心花怒放，忙问："你有什么办法？"

"我的一位兄弟是个乐善好施的好人，他拥有巨额的财富，却乐于帮助那些有困难的教友，说吧，到底需要多少？"牧师顿了顿，不急不忙地说。

梅里特兄弟忙不迭地说出了一个数字。

"哦，没问题，这点小事就交给我吧，看在仁慈的上帝的面上。"牧师一脸慈悲地说。

梅里特兄弟认为这样的好事不会无缘无故地落在自己身上，准备好了类似于高利贷的借款合同。

谁知那位牧师根本没将利息放在首位来考虑："这不过是

帮助需要者的合同，怎么能索要高额的利息呢？这样吧，我就替我的朋友做主，要你们的利息比银行低20%，如何？"

梅里特兄弟根本不能相信眼前的这一切，好像是神迹降临，他们顿时愣住了。

"好了，别呆着了，看你们很着急，就这样写一份合同吧，这一次，我完全做主了。"牧师以毋庸置疑的口吻说。

接着牧师让兄弟两个人拿出纸和笔，写了一个语焉不详的借据："今有梅里特兄弟，借到考尔贷款42万元整，结款时利息3厘，特立此借据为证。"兄弟两个仔细地将借据看了又看，觉得万无一失，就签字画押，契约生效了。

"实话实说吧，我的那个朋友是大名鼎鼎的约翰·戴维森·洛克菲勒，今天他忽然来了一封电报，需要追回自己的借款。"半年多以后，这位牧师又来到梅里特兄弟的矿区，不过这次牧师一脸严肃。

梅里特兄弟当时就傻眼了，因为他们已经把所有的资金用在了矿区改造上，根本没有偿还欠款的能力。这时候竟然发生追讨债务的事件，让兄弟俩明白，天下真的没有免费的午餐，看起来蜜糖一样的借款，实际上是金钱铺就的陷阱。

约翰·戴维森·洛克菲勒和梅里特兄弟对簿公堂。

"我现在就想用这笔钱，所以你要还给我。"约翰·戴维森·洛克菲勒只有一句话。

"借款上也没写啥时候归还啊。没有具体日期，怎么就能如此设定还款日期呢？"梅里特兄弟说，他们认为这是个不公

平的契约。

"借据上写得非常清楚，我们契约规定的是考尔贷款。考尔贷款就意味着借款人随时可以要求还款，如果一旦要求，那么对方只有两个选择，要么还款，要么宣布破产，以资产抵债。"约翰·戴维森·洛克菲勒的律师毫不客气。

听了原告律师的话，梅里特兄弟不得不承认是自己的疏忽大意让对方钻了空子。原来"考尔贷款"是美国的一种借贷形式，特点就是利息低于一般贷款利息，而贷款人有权随时索要贷款。当贷款人索要贷款时，借款人必须在立即还款或宣布破产之中选择一项。

于是，梅里特兄弟将资产作价52万美元，抵给了约翰·戴维森·洛克菲勒。几年之后，美国经济迅速复苏，而铁矿业的竞争也进入到白热化的程度，约翰·戴维森·洛克菲勒眼见情况日趋复杂，就将这笔资产转卖给摩根集团，作价近2000万美元，摩根集团以为自己捡了个大便宜，岂不知约翰·戴维森·洛克菲勒已经从这笔生意中赚取了近40倍的收益。

很多人都指责约翰·戴维森·洛克菲勒冷血无情，因为他让梅里特兄弟陷入了山穷水尽的境地，又在人危难的时候，狮子大开口。不过，约翰·戴维森·洛克菲勒依然我行我素，因为在他看来，商场的最高法则就是让金钱流动起来，一个闲置的财富是没有任何价值的，而让财富流动的最好方法就是尊重契约精神。

"既然合约上约定了，我随时可以拿回我的财富，那么我没什么错的，要知道，当时我确实正需要这笔钱。"面对各种非难，约翰·戴维森·洛克菲勒显得一脸无辜。在他看来，自己的做法符合契约精神，至于结果，不是很重要，财富不过是流动到更适合拥有它的人那里去了。

《荀子》记载："言无常信，行无常贞，惟利所在，无所不倾，若是则可谓小人矣。"诚信是一个商人必备的素质，无关善恶，关乎的是契约精神，这也是现代社会重要的精神支点。

第五节　退一步的哲学

> 忍耐是一种策略，并非忍气吞声，也绝非卑躬屈膝。同时，忍耐也是对人性格的一种磨炼。
>
> ——约翰·戴维森·洛克菲勒

这并不是一个温和的世界，人类有很多时候还没有进化好，与"文明"的距离还很远，那么，如何生存，你有自己的法则吗？

约翰·戴维森·洛克菲勒出身贫寒，没有任何学历优势，也不具备什么专业知识，但是，凭借自己的不断努力和对细节的重视，他一次次得到升迁的机会，终于，做到了公司的

领导层。俗话说，木秀于林风必摧之，很多关于他的谣言与恶意诽谤应运而生，而这一切，源自于人类最古老的本性——嫉妒。

约翰·戴维森·洛克菲勒的工作开展起来似乎更为艰难。因为他不仅要面对具体的业务问题，还要经常面对一些不礼貌的挑衅，甚至侮辱，但是，每次不愉快他都能以一种博大的胸怀化解尴尬、误会和仇恨，由此成就了很多商界美谈。

有一天，一个青年闯入约翰·戴维森·洛克菲勒的办公室，直奔他的写字台，气急败坏地以拳头猛击台面，并大发雷霆地说："洛克菲勒，知道吗？你是靠什么爬到现在的位置上的，告诉你吧，你就是个骗子，我讨厌你，我恨你！快点滚出公司吧，你这个混蛋。"这个人没有来由地对着约翰·戴维森·洛克菲勒谩骂和侮辱，一直持续了十多分钟。

旁边办公室里的职员听得清清楚楚，大家纷纷围拢过来，有的人抱着幸灾乐祸的态度想看看约翰·戴维森·洛克菲勒如何出洋相，有的人替他捏了一把汗，这种情况很微妙，如果和来人对骂，会显得没有水平，如果任由对方谩骂，又会使得自己的威信一落千丈，约翰·戴维森·洛克菲勒再次面临两难的选择。

有人猜测约翰·戴维森·洛克菲勒要么会勃然大怒，大打出手，要么会礼貌地请保安把这个疯子带走。但是大家都想错了，面对这种突发情况，约翰·戴维森·洛克菲勒显得格外冷静，他停下了手中的工作，将一支笔放在手心里，一动不动静静地注视着对方，就这样，一直持续了十多分钟。

那个青年本来准备好和约翰·戴维森·洛克菲勒对骂，这样能更解气，没想到碰了个软钉子，自己骂来骂去也觉得很尴尬，最后，那青年只好又拍了几下桌子，悻悻离去。

约翰·戴维森·洛克菲勒镇定地看着对方远去，才起身，将那个人踢倒的椅子扶好，再整理一下办公桌上散落的文件，好像没事似的，又继续埋头工作，事后也始终不再提这件事。经历过这次事件以后，约翰·戴维森·洛克菲勒的名誉不但没有丝毫损伤，反倒赢得了镇静、宽容的美誉，大家都觉得他是一个有胸怀、沉得住气的领导者。

约翰·戴维森·洛克菲勒的涵养，实际上是一种隐忍的力量，这种力量化于无形，却是最厉害的武器。只有勇敢的人，才会真正做到小事隐忍不怒，只有有智慧的人，才会无坚不摧。约翰·戴维森·洛克菲勒的这个故事告诉我们，真正伟大的人，是能够控制自己的人。

还有个吉列剃须刀的故事，也和约翰·戴维森·洛克菲勒的选择相似：一次，吉列在早晨刮胡子的时候，老式剃须刀总是刮破自己的脸，这令吉列很苦恼。但是转念一想，这是个很好的商机，因为在美国像自己一样饱受刮脸之苦的男性肯定还有很多。每天早晨应该是一天中最快乐的时光，因为正憧憬一天的幸福生活，但是很多人的心情被这个钝钝的刀片破坏了。

经过几个月的反复试验，吉列做出了一个聪明的选择，他发现，不需要做大的改动，只要在老式刮胡刀的下面再加上

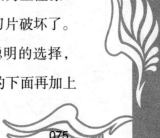

一层刀片就可以了。这种新型剃须刀刮胡干净彻底，而且不伤皮肤。可是人算不如天算，当自己拿着新型的刀片和刀架销售的时候，自信满满的吉列遭受到了重大打击。因为外形差异较大，消费者根本不认同吉列的革新，他只卖出了50个刀架，还有100多个刀片。连代工的加工费成本都没有收回来。吉列面临着人生的重大选择，继续销售，自己就倾家荡产，不销售，先前的投资也会血本无归。

经过几天几夜的思考，吉列终于想出了一个更聪明的做法，他发现刀架和刀片放在一起销售，并不能改变大家的使用习惯。于是他设计了刀架和刀片分离的T型剃须刀。

一天，吉列雇佣了几十名美丽的少女，走上街头免费发放剃须刀架和少量的刀片。免费发放商品，在当时的美国还不常见，于是，男女蜂拥而至，一千多个刀架被争抢一空。

人们在使用一段时间以后，发现了吉列剃须刀的优势，可是刀片已经变钝了。于是大家又来购买吉列刀片，就这样，美国男性已经习惯了吉列剃须刀的体验，吉列剃须刀也成为男士剃须的首选。有人问吉列，当年免费派送刀架，难道就不怕吉列剃须刀还是卖不出去吗？吉列先生回答："免费送刀架我有可能破产，可是，如果不这样做，我一定会破产。既然退一步会有机会，那我们为什么不去试一试呢？"

约翰·戴维森·洛克菲勒和吉列的成功告诉我们，机遇，并不意味着一味地冲锋在前，竞争的时候，我们会发现，机遇也蕴含在退一步的哲学中。

Rockefeller

第四章　改变自己的方法

Rockefeller

第一节　圣人问因，小人问果

在这个世界上有很多人和事需要我们忍耐，而引诱我们感情用事的人和事业数不胜数。所以，你要学会管理自己的情绪，要善于控制自己的感情，做决策时不要感情用事。

——约翰·戴维森·洛克菲勒

洛克菲勒家族的神话从约翰·戴维森·洛克菲勒开始已经延续了6代，这个家族在商界的传奇一直让人向往。标准石油公司、芝加哥大学、大通银行、现代艺术博物馆、洛克菲勒冠名的基金会、大学和研究中心，还有曾经辉煌无比的世贸大楼，无一处不显示着商界奇才那傲人的战绩。今天，很多福布斯排行榜上的富翁都把约翰·戴维森·洛克菲勒当作自己的偶像，比尔·盖茨就是其中的一个。但是在金钱与生命、商人与劳工、政客与平民之间，有太多难以理清的关系，多年来洛克菲勒家族的成员就在财富的包裹中过着说不上幸福还是不幸的生活。

1911年，一纸法院裁决，将标准石油公司拆分成30多家独

立公司，其中两家后来再次合并，并发展成为当今世界第一大石油公司——埃克森·美孚石油公司。

似乎从这个时候开始，洛克菲勒家族的好运不再，却成为一种罪恶与财富交织的家族符号。

社会上到处传播的谣言和逸事，好像都是洛克菲勒公司各种罪恶的丑闻。1913年，因为劳资关系不和谐，从标准石油公司分拆出的科罗拉多燃油与铁矿公司，发生了近万人规模的大罢工，劳资双方甚至动用了轻重武器，武装对峙了8个月，最终爆发了武装械斗，这次惨案给洛克菲勒家族蒙上了罪恶的阴影，双方死伤各有数十人，最令洛克菲勒家族难堪的是，劳工方面还有一名妇女和儿童，在起火的帐篷中窒息而死。

实际上，当时在科罗拉多公司中，洛克菲勒家族仅仅持有股份，并非公司的管理层，但愤怒的人群依然打着"洛克菲勒谋杀妇女儿童""血债要用血来偿""严惩肇事凶手"等标语包围了他们纽约的住宅。激进的示威者甚至扬言要冲进紧锁的大门，刺杀小洛克菲勒。忽然，一颗自制炸弹在宅邸附近被引爆，4名激进示威者被当场炸死。

当时，小洛克菲勒就在家里，他焦虑不安，第一次面对这样的情况，也是整个家族面临最大的危机，一家人团团围住小洛克菲勒，询问解决的方法。这时，小洛克菲勒的母亲正处在病危的关键时期，小洛克菲勒度过了一生中最难熬的一夜，有传记专家指出，这一天也成为了小洛克菲勒思想的一个转折点，此后，洛克菲勒家族从商业经营转向了慈善事业。小洛克菲勒一生捐出了5亿美元，这个数字超过了他一半的身家。

洛克菲勒家族的救赎还远远没有结束，几十年后，洛克菲勒的第三代，纳尔逊·洛克菲勒在1958年当选纽约州州长，连任四届，但在冲击党内总统候选人提名时，则连续三次遭遇竞选失败。巨额财富似乎成了他冲击权力巅峰时的负担，人们始终不能相信，这个名声不太好的家族成员，是否能从内心深处真正替大众争取权利。

整个20世纪60年代，世界范围内兴起了如火如荼的群众运动，法国爆发了六月风暴，美国也掀起了反越战的示威风潮，"洛克菲勒"家族成了这场运动的替罪羊，在纳尔逊参加的一次竞选拉票造势活动上，一位激动的学生朝着纳尔逊喊话："你还好意思竞选？你还好意思宣布解决美国的问题？知道吗？你和你的家族就是这个国家最大的问题！"台下的群众各个义愤填膺，纳尔逊也感受到了自己家族的负罪，在自己仕途上，成为了挥之不去的阴影。

1974年，纳尔逊·洛克菲勒出任副总统时，在国会听证会上，洛克菲勒家族的巨额财富再次成了讨论的焦点。纳尔逊迫于压力，公布了当时的家族资产为13亿美元，这次坦率的披露，引起了轩然大波，反对者认为纳尔逊有意隐瞒，认为洛克菲勒家族的财富远远超过披露的数字。另一方面，纳尔逊的行为遭到了洛克菲勒家族的一致反对，这一举动被他的兄长约翰·洛克菲勒三世视为对家族的背叛。洛克菲勒三世从此接管了家族产业，并在很长时间内不和纳尔逊说话。

第四章 改变自己的方法

和创造世界名牌的人

一起放飞梦想

被家族抛弃后，纳尔逊也被共和党抛弃，三年后福特总统竞选连任时，在党内右派的压力下，并没有选择纳尔逊作搭档。被抛弃的纳尔逊从那以后闭门不出，也再未踏上仕途。

最近，洛克菲勒家族第六代的代表杰伊·洛克菲勒也是麻烦不断。

杰伊·洛克菲勒背弃了家族的传统，直接加入民主党，与共和党的亲戚们也常常意见相左。他曾在1993年以对环保条约不利为由，对《北美自由贸易协定》投下反对票，而这一协定正是他的叔叔大卫·洛克菲勒曾经力推的项目。

1997年，杰伊·洛克菲勒参与启动了"儿童医保项目"，惠及全美近千万儿童。2010年，他率先支持奥巴马的《全民医疗法案》，在联邦政府财政赤字高涨的情况下，此举也遭到越来越多人的非议。

"我知道这在西弗吉尼亚州不是特别的受欢迎，但没关系。我为支持这项法案而骄傲，这个世界上，不光有光鲜的富人，还有更多需要帮助的穷苦人。我为自己的选择感到骄傲，因为我知道西弗吉尼亚将会比其他州更能受惠于这项法案。"杰伊·洛克菲勒在一次政治演讲中讲道。

"在美国，家族关系并不是影响成员政治立场的决定性因素，更重要的是个人的政治观念和所在选区的政治环境。"家族给候选人提供的优势首先是知名度，而知名度在美国的选举政治中很重要。美国的政治，说到底是金钱关系，每个成员都是靠着利润和利好消息联系在一起。对于政治家来说，家族是

个敲门砖，有政治传统的家族成员更熟悉政党机器的运作，也更善于接触财团。

对于杰伊·洛克菲勒来说，家族的财富和影响，带来的负担同样如影随形。有人说洛克菲勒是一个神秘的共济会组织的发起者之一，美国的各级政府不过是共济会在政府中的傀儡而已，这些傀儡并不为美国大众服务，而是为少数几个大财团服务。有人说洛克菲勒家族还是光明帮的负责人，他们的信条是利益的最大化，所谓的环保与发展，不过是他们打压新兴经济体的一种宣传策略而已。有人又传说，洛克菲勒家族牵头的财团们，试图建立"新世界秩序"，这个新秩序的主人并不是现有的人类，而是按照优秀人种的基因，制造的机器人精英。总之，几乎每一个新的阴谋论，洛克菲勒家族都是其中的主角之一。

2009年，Youtube上出现了一段著名的视频，一群年轻的纪录片导演们追着挂着双拐的杰伊·洛克菲勒，要求他对一系列阴谋论中的指控做出正面回应："你如何看待阴谋论？你的家族是否参加了控制世界的阴谋？传言中的机器人精英是否存在？"

"你家族的实验室是否和希特勒合作过研究人种优化的药物？你如何看待将科学用于罪恶的目的？"

"你如何看待美国全球化策略？你认为这种策略是造福人类，还是为了一己私利？谁是'9·11'的元凶？"

杰伊·洛克菲勒一脸苦笑，他觉得自己的处境堪比受难的

耶稣。他缓缓走回办公室。临别时，他对身后义正辞严的年轻人说："我们家族是不是要控制世界，我不知道。反正我对这种无稽之谈毫无兴趣。你如何看待一个家族对一个无辜的个体的影响？"杰伊将这个问题又抛给了提问者。

很显然，对于杰伊·洛克菲勒和他的家族，曾经叱咤风云的一代，他们梦想着拥有世界上的财富，但是，现在已经是时候放弃"控制全世界"了。

因与果的问题不仅仅在于宗教，还在于每个人的内心，或许，这个世界超级大富之家的困扰就是人类面临的终极问题，人为什么而活，怎么活，你想好了吗？

第二节　选择做自己

> 不要让其他人喧嚣的观点掩饰你内心真正的声音，我希望你们有勇气去追求自己想要的生活。
>
> ——约翰·戴维森·洛克菲勒

有很多人研究历史的时候会得出一个结论：种族的退化是一个王朝的致命伤。而退化的原因就是过分的安逸导致生命力的萎缩，既不能上马挥鞭，又丢掉了居安思危的防患意识，所以说什么万年基业、什么江山永固，都是空话，因为没有一个王朝不走向最终的没落。

或许是文化环境不同，洛克菲勒家族的第四代，受到上世纪60年代西方反叛思想的影响，开始逐渐淡化宗教和家族观念，他们努力让自己的灵魂得到净化与自由。他们不想在家族的黄金宫殿里成为木偶，人虽难以永恒，但绝不应该腐朽。

如果洛克菲勒家族的成员愿意，他们可以一辈子无所事事，因为他们早就有了生活的保障。1952年，洛克菲勒家族的每一个孩子都有了自己的信托基金，也就是说洛克菲勒家族的第四代成员等到他们成年之后，每人至少都会有上千万美元的财产。所以，他们的起点可能就是很多人一生都难以抵达的终点。

虽然家族的身世显赫，但是盛名之下，很多人感到的不是洋洋自得，相反，这个家族第四代的大多数，想的却是如何摆脱家族的盛名。比如劳伦斯的女儿露西就曾说："说实话，当我听到有人谈论我的姓氏的时候，常常会感到不知所措，因为那些荣耀只属于我的祖先，并不是我奋斗得来的。所以在大学的时候，选修课程我都不会选择美国当代历史，因为我害怕听到洛克菲勒家族这样的字眼。"

戴维的长女桑德拉走得更远，她是个个性十足的女性，勇敢地向世人宣布，自己要放弃声名显赫的家族姓氏。她在24岁时，将自己的名字改为桑德拉·费里，只保留了自己的名字。尽管很多人不理解桑德拉的做法，但是家族的其他成员表示理

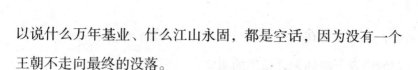

解，因为不身在其中，很难理解一个人被一个虚拟却又无处不在的声誉影响到无处遁形的尴尬。

事实也的确如此，很多人都宣传生而平等，人人都享有选择的自由，但是对于洛克菲勒家族的成员来说，并不能享有选择平淡生活的自由，他们降临人间的第一步，就被视为捧着金饭碗出生的孩子。他们中的大部分，尤其是男性成员，都被视为是这个商业帝国的接班人。每个人的缺点都聚焦在美国大众的面前，几乎没有隐私可言。因此，几乎每个家族成员都在拖延承担义务的时间，他们的要求很简单，做一个真实的自己，尽管这个自己不完美，不富有。

洛克菲勒家族的成员，常常能做出很多令人匪夷所思的举动，比如他们中的一些人常常乔装改扮，混迹贫民窟一段时间，名为体验生活，实际上，只有他们自己心里知道，这段时间意味着人生中最重要的一样东西——自由。

洛克菲勒家族的第四代马里恩，曾在一家医院里做一名普通的护工，很多人都不知道，那个为他们洗脚、擦拭伤口的女孩，是一个千万富翁。而她的弟弟劳伦斯做得更彻底，他搬到了美国著名的低级公寓区住了三年多，在这段时间，他自愿到各种社区公益机构，义务劳动，做社区服务志愿者。

第四代的代表人物斯蒂文森，在一次演讲中激动地说："总有一部分人，认为我们家族是一个象征符号，但是在我心里，这个家族的符号并不占有特别重要的位置。坦率地说，一个家族也有生命周期，必然经历萌芽，成熟，鼎盛和死亡。我想，对于洛克菲勒家族的每个成员来说，我们不能诅咒家族灭亡，但是可以肯定的是，每个人都希望自己是那个重新萌芽的种子。"

是啊，这个家族已经繁衍到了第六代，每个人都成为一个萌芽的种子，在美国的各个领域，都占有重要的位置，比如环境保护、艺术投资、商业流通，等等。著名学者彼得·约翰逊认为，洛克菲勒家族的每一个成员，都接受了最正面的教育，他们不是用金钱使得自己生活得更美好，而是利用财富让这个世界变得更美好。洛克菲勒家族的家训，也成为新时代美国人的财富圣经：财富并无善恶之分，但是人心有善恶之分。

拥有财富，也意味着拥有责任。

第三节　宽容的力量

> 生活中有许多这样的场合：你打算用愤恨去实现的目标，完全可以由宽容去实现。
> ——西德尼·史密斯

人与人之间只有肤色的差别，而没有本质的不同，所以古今中外都不缺少人们互相包容、理解的例子。美国有一个著名的飞行员叫鲍勃·胡弗，他技术高超，经常被邀请参加各类

和创造世界名牌的人

一起放飞梦想

表演，深受人们欢迎。一次，他到圣地亚哥参加航空展览会的表演活动，演出结束后在飞回洛杉矶的途中他的飞机出现了故障，双侧引擎突然熄火，好在胡弗技术娴熟，经验丰富，他安全着陆，但是飞机已经严重损毁。迫降之后，胡弗马上去检查飞机，不出所料，他的飞机燃料被装错了。他马上去见那个年轻的飞机保养师。那人年轻人已经知道自己犯下了严重的错误，由于他的失职，不仅损毁了一架昂贵的飞机，而且差点使三个人丧命，他泪流满面。

"我相信你不会再犯错误，请你明天保养我那架F5。"胡弗没有像一般人料想的那样劈头盖脸地严厉批评他的机械师，而是用手臂搂着那位胆战心惊的年轻人温和地说。

还有什么比这种宽容更感人的吗？是的，如果能这样活着，生活可真美。在约翰·戴维森·洛克菲勒的公司里，你也一样会感觉：生活真美！

伟大的标准石油公司也不是事事成功，约翰·戴维森·洛克菲勒的手下也不是都完美无缺，所以他们很有可能犯错误，而且不是小错误。有一次，公司的高管克里斯蒂做了一个错误决定，给公司造成了超过200万美元的重大损失，这是公司成立以来从未有过的。公司的高层各个惴惴不安，千方百计寻找各种各样的借口以避免和洛克菲勒见面，免得他将难以压抑的怒气撒在自己头上。大家觉得，克里斯蒂卷铺盖滚蛋在所难免，而自己作为高层的一员，注定要受到牵连。只有一位高管例外，他就是公司元老爱德华，按照日程安排，他和约翰·戴维森·洛克菲勒下午有个约见，尽管他可以找出数条冠冕堂皇的理由取消这次约见，但他还是做好了聆听约翰·戴维森·洛克菲勒训斥的准备。

当爱德华走进约翰·戴维森·洛克菲勒的办公室，他看到他的上司正用铅笔在几张纸上匆匆地写着什么。

"亲爱的爱德华，"几分钟后，约翰·戴维森·洛克菲勒抬起头来，平静地说，"你已经听说我们公司蒙受巨大损失这件事情了吧？"

"224万美元打了水漂。"爱德华只能硬着头皮坦承，他已经设想了下一幕：刚刚还心平气和的洛克菲勒，突然脸色一变，继而是狂风暴雨般的一阵咆哮。

没想到约翰·戴维森·洛克菲勒依旧很平静："我考虑了很长时间，怎样才能压抑住我愤怒的心情。现在，我找到了有效方法。那就是，在我和克里斯蒂讨论这件事之前，我需要先做一些备注。帮我看一下，有没有什么要补充的？"

约翰·戴维森·洛克菲勒递给爱德华几张纸，爱德华接过这几张纸，只见开头醒目地写道：克里斯蒂可取之处。下面密密麻麻列举了克里斯蒂众多的业绩：克里斯蒂三次做出了正确决定，为公司带来巨额利润；为收购一家油田，克里斯蒂数月都没回家；爱清洁的克里斯蒂在一家煤矿被弄成了一身黑……

"这些备注可以帮助我平息怒气，让我能客观地处理这件事情。"约翰·戴维森·洛克菲勒进一步解释道。

"我永远都不会忘记这件事。此后，无论我多么迫切地

欲将某个人撕成碎片，我都强迫自己先坐下来，尽我所能地为那个让我咬牙切齿的人列出一份长长的'好处'清单。"多年后，爱德华回忆道，"我已记不清楚，因为这个习惯，让我避免了多少错误，得到了多少朋友，赢得了多少人心。这一切，让我发自肺腑地向我的老上司、老朋友洛克菲勒道一声：谢谢！从他那里，我学会了怎样公正地看待一个人的过失和成就，更学会了如何掌控自己的情绪。"一代宗师的可敬可佩不是依靠他高超的武功，而是他那博大的胸怀。

第四节　从小事做起

> 一旦我们不停地关注那些我们能够完成的小事，不久我们就会惊奇地发现，我们不能完成的事情实在是微乎其微。
>
> ——塞·巴特勒

约翰·戴维森·洛克菲勒的儿子小约翰·洛克菲勒，最开始的工作是一名底层的推销员，他觉得这样的工作没有什么前途，于是有些自暴自弃。

约翰·戴维森·洛克菲勒听说了儿子的苦恼，对孩子的现状感到万分焦虑，因为他觉得一个男人如果整天躲在家里，或者到酒吧喝酒麻醉自己，都是一种逃避，但是他采用了一种独特的方法教育孩子，他不动声地留给儿子一个日记本，那里记录了自己的成长历程，他希望通过这种无声的教育，能够启迪儿子尘封的心灵，他理解教育的最高境界是润物细无声。

很快，小约翰·洛克菲勒就发现了父亲留在自己床上的日记本，这是个泛黄的日记本，很多地方已经开裂了，又被精心地装裱过。

小约翰·洛克菲勒躺在床上，认真地读了起来。

×年×月×日　星期一　晴

终于有机会到一家公司面试，这是我第一次面试。

随着人群的移动，渐渐到我了，我心情很激动，因为我特别需要这份工作。

"你好，能告诉我你需要一份什么样的工作吗？"一位工作人员对我进行例行公事的询问。

"我不知道我到底能干什么工作，但是我知道我非常需要这份工作，所以我只需要一份工资最低的工作就可以了。"我对着这位先生诚实地说。

"好吧，小伙子，恭喜你，我们雇佣你了。"

我高兴极了，不知道为什么上帝会这么眷顾我，我没有工作，更没有家庭，我需要一个起点，我就不会孤独，哪怕它只是最底层的一个起点。

和创造世界名牌的人

一起放飞梦想

Let the dream fly

×年×月×日　星期二　阴

今天早晨，我被带到新的工作岗位，任务很简单，只是把一个带子缠绕在一个铁环上就行。工资是每小时20美分，这已经令我很满足了。

手工劳动是这个世界上最原始的劳动，也是最有乐趣的劳动，因为我们脱离了机器化的束缚，但是渐渐地，我发现一个小小的缺点，在我用锤子砸铆钉的时候，总是砸到我的手。这是个见怪不怪的现象，但是我觉得这样的缺点严重地阻碍我的工作效率，我决心改进一下，请示了老板以后，我就利用工余时间研究起来。

这样的改良其实很简单，因为矛盾的中心在于，过去的劳动是用手固定铆钉，现在我们需要用别的物件代替手指就可以了。我在车间里找到几块废旧的木头，做了一个木头夹子。这样就可以毫不费力地用锤子砸铆钉了。

用这种方法后，我的工作顾虑彻底没有了，而且工作效率提高了一倍以上，工友们都赞扬我，认为自己都干了一辈子了，没想到还能有这样的改良，老板看到我的改良，也赞不绝口。

这之后，老板把很多工作交给我干，他认为我是一个负责任的人。

下午，我发现组装线上的效率并不高，除了锤子砸手的原因之外，男女工人的效率也不一样。我就开始琢磨其中的原因，终于发现了其中的秘密。原来女工人的身高太矮，但是他们还和男工人一样，站在一个同等高度的工作台上工作，需要伸长手臂工作，这样大大影响了劳动效率。我提议老板将工作台的高度分为梯形，女工人用矮的平台，男工人用高的平台，这样就都有了适当的操作台，劳动效率提高了一倍。

今天我很高兴，上班第一天就解决了两个问题，我还要继续利用我的智慧，帮助雇主提高工作效率。至于报酬，不是我考虑的内容。

读到这里时，小约翰·洛克菲勒忽然发现父亲的良苦用心，今天看起来风光无限的父亲，在当时不过是一个名不见经传的小人物，和自己的现状一样，不过他始终不把自己看作最卑微的人，而是一个用积极的态度面对自己工作的人，这样的小人物，才是后来的大人物。想到这，他继续读了下去。

×年×月×日　星期五　晴

公司的人都很喜欢我，至少我这么觉得，我想主要的原因在于，我经常用自己的真诚面对一切吧。

今天，公司的垒球队有比赛，虽然我没有资格上场，但是我觉得这是公司的集体活动，我要积极参与。在球队的准备会上，我和公司的采购员攀谈起来。

"来到公司一些日子了，觉得怎么样啊？"他问我。

"还行。"我说，"有一点小小的遗憾，我现在的工作

熟悉得差不多了，我想找个更有挑战性的工作来做一下，要不然，我会觉得很烦闷。"

采购员对我的烦忧很在意，他盯着我半天。

"那你愿不愿意到我的部门来，我知道你，你就是那个琢磨着改良的小伙子。"他问。他特意强调了自己工作的重要性，要知道，公司的生产流程只是其中的一个方面，要全面了解公司的运营过程，还必须了解销售阶段。

我当然愿意。我终于实现了最初的愿望，因为我可以在更高的岗位上实现自己的价值了。

我从最底层做起，一步一步地向上走，总有一天，我要抵达人生的顶峰，不管这一天是在未来的哪一天，不管未来多远，我都要忍耐，坚持。

看着父亲的心路历程，小约翰·洛克菲勒感慨颇多，因为一时的不如意，就自暴自弃，他觉得很羞愧。小约翰·洛克菲勒决心明天就回到工作岗位去："这个世界上并没有什么底层，真正的底层是内心的底层，只要你向上走，总会抵达人生的顶峰。"

第五节　感激伤害你的人

> 感谢那些伤害过你的人，因为他们磨炼
> 了你的意志。
>
> ——约翰·戴维森·洛克菲勒

小约翰·洛克菲勒的手下有一个销售的业务总管维奇，因为和小约翰·洛克菲勒意见不合，被辞退了。

约翰·戴维森·洛克菲勒觉得自己的儿子做事有些冲动，于是来到了儿子的办公室，对儿子微笑着明知故问："维奇哪里去了，这几天没看到他上班？"

"那个家伙啊，已经辞职不干了。"小约翰·洛克菲勒觉得父亲有些小题大做，一个业务主管的去留，并不是什么大事。

"那到底是为什么呢？"约翰·戴维森·洛克菲勒仍然追问儿子维奇辞职的原因，"维奇为什么会辞职呢？"

"还有什么别的原因啊，他觉得在这里工作不开心，就辞职了，事情就是这样。"小约翰·洛克菲勒轻描淡写地说。

"小约翰，这不是一件小事，要知道，我们培训一个成熟的员工，是需要很长时间的，你辞退了一个员工，就等于增加

了我们公司的业务成本，这样关乎我们公司的大事，怎么能说是小事呢？"约翰·戴维森·洛克菲勒换成了严肃的表情。

"事情是这样的，这个维奇真的是可恶至极。我做了销售总管，每次提出一个提议，我都是深思熟虑的，没想到这个维奇故意和我过不去，每次他都提出反对意见，每次大家都同意，只有维奇挑我的刺。上次，我又提出了一个完美的销售计划，维奇照例提出反对意见，我们在会议上就吵起来了，没过两天，维奇就提出了辞职，我当然马上批准了。"小约翰·洛克菲勒耸耸肩说，"就是这样，维奇是我们团队中一个不和谐的因素，早晚是个累赘。"

"但是，小约翰，要知道，维奇已经在我们公司工作了十多年，勤勤恳恳，没有任何埋怨，他在前任工作的时候，都没有犯错，而你一来，就辞退了维奇，这样做还是有失慎重。"约翰·戴维森·洛克菲勒耐心地劝说儿子改变想法。

"爸爸，我也知道维奇是个立下了很多功劳的老员工，可是他一直和我对着干，好像一个不驯服的怪兽，我不想他留在我身边。"小约翰·洛克菲勒固执己见。

"哦，小约翰，我想你反感的不是维奇和你争执的内容吧，而是维奇和你争执的态度，你认为他冒犯了你的尊严，要是他是个唯唯诺诺的应声虫，或者是迎合你心思的变色龙，我想，你就会把他留在身边了吧！"约翰·戴维森·洛克菲勒把自己的经历向儿子和盘托出，"在公司的运营中，重要的不是一个人的个性，而是这个人能不能给公司带来效益，前几年我亲自兼任销售总管的时候，这个维奇给我留下了很深的印象，他也总是提出反对意见，这倒不是他有意哗众取宠，而是真的为公司的发展出谋划策，所以我一直容忍他古怪的脾气和尖酸刻薄的言行，因为我知道，一个公司如果只有一些照葫芦画瓢的应声虫的话，永远是缺乏执行力和创造力的公司。"

"爸爸，我知道我的做法有些欠妥，可是你知道吗，每次开会的时候，维奇总是提出反对意见，这倒也没什么，重要的是，和你说的一样，他总是一脸不屑的表情，我觉得自己一点权威也没有。"小约翰·洛克菲勒向父亲说了心里话，说出了对维奇不满的真正原因。

"要知道，好的方案永远不是容忍的结果，这样只能是一个平庸的方案，好的方案都是争吵的结果。"约翰·戴维森·洛克菲勒对儿子没有站在公司的角度处理问题感到不满意，"维奇并不是故意和你作对，据我了解，每次你做出提议，维奇是最认真准备的一个，他总是花很多时间调研，然后提出自己的意见。要知道，一个意见永远不可能是完美的，维奇的出现正好可以使得你的思路得以拓展，这样做不好吗？再者说维奇的合理化建议，如果只是让你面子上过不去，这样也没什么了不起的，如果一个意见对你公司有利，而对面子不利，我们会毫不犹豫地选择公司的利益。从这个角度说，你开除了一个忠心耿耿的员工。"

"爸爸，难道你认为儿子的权威就不重要吗？如果每个人都要对我指手画脚，那么我在公司也没法待下去了！"小约翰·洛克菲勒还是有些情绪。

"小约翰，一个人的光芒永远是微不足道的，只有全体员工都能发光发热，才是灿烂的星河，否则，公司的光芒永远是微弱无力的。而且公司的员工并没有不称职的，只有不称职的领导，因为你并没有挖掘员工的潜能。只有平等地对待每一个员工，看到他们的长处，容忍不同意见，容忍他人的短处。才会得到真正的人才。"约翰·戴维森·洛克菲勒接下来讲了自己的人才观。"小约翰，我们的人才，并不是水泥和砖瓦，而是有生命力和创造力的人。如果你能不避前嫌，用一个反对过你的人，那么员工自然会知无不言言无不尽，这样的公司想不成功都很难。"

"孩子，我的话也许有些保守，对你来说有些困难。"约翰·戴维森·洛克菲勒语重心长地说。"要是你能按照我说的去做，我想，不仅不会损害你的权威，相反，会让员工觉得你是个虚怀若谷的好领导人，你的业绩也会迅速得到提升，更重要的是，你能获得更多的人心。大家都会热烈地拥护你。"

"爸爸，我明白了，我明天就去登门拜访，请回我们的员工维奇。"小约翰·洛克菲勒真心地承认了错误。维奇后来和小约翰·洛克菲勒冰释前嫌，为洛克菲勒公司的发展做出了巨大的贡献。

约翰·戴维森·洛克菲勒对小约翰·洛克菲勒的教诲，只是丢掉了儿子的面子，却让儿子赢得了更多人的信任。

和创造世界名牌的人

一起放飞梦想

Let the dream fly

第六节　别给自己找借口

> 借口是一种病，患有这种病症的人，无
> 一例外都是失败者。
>
> ——约翰·戴维森·洛克菲勒

有很多人在犯错误的时候都会找各种各样的借口为自己开脱，说自己没有经验，自己害怕失败，仿佛"借口"是一方妙药，能把损失消弭于无形，可是清醒的人都明白，无论你用什么样的修饰掩盖破洞，那个洞都不会消失，所以鲁迅才说："真的猛士，敢于直面惨淡的人生。"

一次，约翰·戴维森·洛克菲勒的女儿伊丽莎白·洛克菲勒代表公司参加巴黎世界博览会。在巴黎新产品博览会上，伊丽莎白·洛克菲勒踌躇满志，她第一次代表公司出面，想获得一项产品的专利权。但是，在竞价的时候，她却犹豫不决，最终导致专利权被别的公司买走，自己则空手而归。

约翰·戴维森·洛克菲勒听了女儿的汇报后，发现这确实是个遗憾的事件，本来，当时洛克菲勒公司已经获得了一个绝佳的机会，只需要坚持竞价就可以赢得专利权，但是伊丽莎白·洛克菲勒在最关键的时刻，犯了瞻前顾后的毛病，使公司

蒙受了重大的损失。

约翰·戴维森·洛克菲勒和女儿通过越洋电话，聊了很久。

"爸爸，我有责任，因为我的原因，公司蒙受了损失。"伊丽莎白·洛克菲勒有些失魂落魄，她向父亲诚恳地承认错误。

约翰·戴维森·洛克菲勒意识到女儿已经很痛苦了，他决定在电话中安慰这个年轻人，他在电话那边说："孩子，你已经尽力了，我并没有责怪你的意思，一个事情出现了偏差，重要的不是只看到它的后果，而是要从事件中获得教训，如果能获得有益的经验，这样，我们就会得到益处。今天这件事充分说明了，一个公司的领导人最重要的品质之一是，要有果断的决断力和毫不犹豫的执行力。反之，则是浪费时间和浪费精力。越是重要的时刻，越需要冷静和决断，这正是俗话常说的，每临大事需静气。"

"爸爸，我大致明白了，但是究竟该怎么做呢？"伊丽莎白·洛克菲勒明白了自己的错误，但是更想知道该如何改正错误，找到正确的决断方法。

"方法很简单，你只需要一张白纸，一支笔。然后在你要决断的事情上画一个圈，左边画上好处，右边画上坏处，当好处一侧超过坏处的时候，这件事就值得做，更值得冒险。"约翰·戴维森·洛克菲勒耐心地解释。

"爸爸，我明白这一点。可是，不得不承认，每次到关键时刻，我还是不由自主地焦虑不安。"伊丽莎白·洛克菲勒有些委屈。

"我们的总统林肯曾经说，要不后悔，不害怕，意思是不后悔曾经做过的决定，因为已经发生了，也不要害怕未来的事情，因为未来还没有发生。也就是说我们不要对无法改变的事情和无法预测的事情担心焦虑，因为这样做只是徒增烦恼，毫无益处。"约翰·戴维森·洛克菲勒语气平和，他极力安慰压力巨大的女儿。

"我明白了，爸爸。不过现在我心情很糟糕，我要对这次失败负责，我要辞职。"伊丽莎白·洛克菲勒情绪低落，因为第一次面临这么大的挫折，她还是有些转不过弯。

"孩子，这是你犯的第二个错误，如果你是一个家庭妇女，我可以原谅你的做法，而如果你是一个职业的商人，你的做法实在是有些幼稚。你想想，要是每个人遇到挫折就裹足不前，那样，世界上还有成功的可能吗？失败，只不过是人生的一个小插曲，在人生的大乐章里面，它有可能只是一个不和谐的音符，如果你尝试着修正一下想法，你还有重新弹奏的可能，不然的话，你永远只能在失败的路上越走越远。"约翰·戴维森·洛克菲勒语重心长地说。

约翰·戴维森·洛克菲勒终于让女儿明白了他的良苦用心。伊丽莎白·洛克菲勒知道了，用懦弱做借口逃避自己的责任是在加重自己的错误。

如果不能把握命运的音符，只能弹奏出不和谐的乐章，而

尝试着换一个思路，把所有的借口都丢掉，也许就会有奇迹发生。

石油大亨洛克菲勒

和创造世界名牌的人

一起放飞梦想

Let the dream fly

Rockefeller

第五章　六世家族的神话

Rockefeller

第一节　托拉斯魔咒

伟大的思想能变成巨大的财富。

——塞内加

约翰·戴维森·洛克菲勒觉得自己雄心万丈，他对控制美国石油命脉非常自信，而且他踌躇满志，想要掌握整个世界石油的走向。

一次约翰·戴维森·洛克菲勒看到了一篇文章，这篇文章的中心论点是：小商人的时代已经结束了，而大企业的时代还没有到来，这个世界呼唤大企业精神。

约翰·戴维森·洛克菲勒看到文章后激动不已，觉得和自己的垄断思想不谋而合，很欣赏这篇文章作者多特的才华，于是他决定高薪聘请这个年轻人做自己公司的法律顾问。多特是个有雄心壮志的年轻律师，对于洛克菲勒的知遇之恩，他决心用自己的智慧帮助约翰·戴维森·洛克菲勒实现梦想。他在公司的任务只有一个，寻找各种法律漏洞，为约翰·戴维森·洛克菲勒的公司逃避重税。

一天，多特在书房仔细阅读经典法律著作《英国法》，认为其中的一个词汇很有意思，这是《英国法》中的关键词

汇——信托制度。多特突然产生出灵感，提出了"托拉斯"这个垄断组织的概念。

托拉斯就是生产同一类型的企业，不再各自为战，而是组成一个联合体企业，形象地说就是一种垂直管理模式，将生产链条牢牢地掌握在一个集团手里，这比最初的卡特尔形式要先进，因为卡特尔形式是一种横向联合模式，不过是各自独立的企业之间的松散联合，在生产和销售等环节上浪费和互相倾轧的现象时有发生。托拉斯模式是一种更彻底的垄断。

1882年1月，约翰·戴维森·洛克菲勒召开了标准石油公司的股东大会，成立了有九名成员组成的董事会委托委员会，这个委员会掌握了标准石油公司和附属公司的股票。约翰·戴维森·洛克菲勒亲自担任委员会的委员长。随后，委员会发布了70多万张信用委托书，而约翰·戴维森·洛克菲勒等4人就占有了其中近50万张，约占总数的2/3。就这样，约翰·戴维森·洛克菲勒顺利地掌握了公司的绝对控制权，也如愿以偿地创建了一个史无前例的联合事业——托拉斯。在这个托拉斯结构下，约翰·戴维森·洛克菲勒合并了近40家厂商，垄断了全国80％的炼油工业和90％的油管生意。

如果说哥伦布发现了美洲新大陆的话，约翰·戴维森·洛克菲勒成功地发明了美国的经济模式——托拉斯集团模式，这种模式的优点迅速地被全国的企业所推崇。几年后，美国的主要经济命脉都成立了类似的托拉斯集团，这样，数量不足1％的财团，掌握了美国经济命脉的90％利润。

约翰·戴维森·洛克菲勒的金融帝国，在托拉斯模式的影响下，得到了迅速扩张，不仅仅局限于石油领域，而是扩展到工业领域的各个角落。后来，洛克菲勒家族的商业触角还伸向了公共事业和金融行业，甚至对美国政坛都产生了深远的影响。

1870年，约翰·戴维森·洛克菲勒将两座炼油厂和一家石油输出商行合并，创建了后来的美孚石油公司，从此，他开始了疯狂的扩张之路。

1872年，是洛克菲勒将自己的公司打造成巨无霸公司的开始，他曾在不到两个月的时间内，吞并了20多个竞争对手的公司，更有甚者，他曾经在两天的时间内，重组了6家炼油企业。这种疯狂的资本运作远远没有结束，到了1898年，洛克菲勒创建了无比强大的石油托拉斯，成为历史上名副其实的"石油大王"。洛克菲勒的标准石油公司最辉煌的战绩是，曾经控制了美国90%的石油产量。

在海外，约翰·戴维森·洛克菲勒也没有停止扩张的脚步，他很快就垄断了欧洲大部分的煤油生产。另外，约翰·戴维森·洛克菲勒对古老的中国也是情有独钟，他提出了一个口号，要以中国为桥头堡，进而点燃亚洲的自由之灯。

海外的市场仅仅是约翰·戴维森·洛克菲勒销售渠道的一个环节，他在亚洲和非洲，以及拉丁美洲，利用当地丰厚的石油资源和廉价的劳动力优势，迅速地抢占了发展中国家的市场，这样就完成了洛克菲勒石油帝国的最后一块拼图。

1935年，约翰·戴维森·洛克菲勒控制了海内外大约200家公司，资产总额达到66亿美元，他的私人财产也超过了15亿美元，成了名噪世界的"石油大王"。标准石油公司几经更名，最后定名为美孚石油公司。

这种高速运转带来的直接后果是，1890年世界上第一部反垄断法《谢尔曼法》诞生，它被称为世界各国反垄断法之母。1911年5月11日，美国最高法院裁定标准石油违反了《反托拉斯法》，并将其拆分为34个新公司。

但是约翰·戴维森·洛克菲勒觉得自己很委屈，在他的心目中，自己并不是一个吸血的恶魔，更不是一个庞然大物的主人，而是一个为劳苦大众提供廉价石油的伟人。事实的确如此，在约翰·戴维森·洛克菲勒呼风唤雨的年代，垄断带来的是成本的急速下降，美国石油的价格同比下降了80%。约翰·戴维森·洛克菲勒永远也无法理解，美国国会裁定的法案到底依据的是什么，是什么心理让大家一方面享受着标准石油带来的廉价产品，另一方面又对洛克菲勒的垄断指手画脚，这显然不是简单的仇富心理就可以概括的。

关于垄断，是个古老的话题，从某种程度上讲，没有人否认垄断者是靠着自己的努力竞争得来的垄断地位，但问题的核心是，一个先期成长起来的企业，如果处于垄断地位的话，就会阻碍后来企业的发展，这样就破坏了市场的公平竞争原则。

一个公司，是自由竞争机制的产物。一个过于庞大的公司，就会成为自由竞争机制的障碍。

这就是多和少的关系，一个事物，从成长的角度，应该是为了多数事物成长需要而存在的，如果它的存在，阻碍了新生事物的成长，就会成为庞大而可怕的旧势力。

约翰·戴维森·洛克菲勒的标准石油公司，在没有拆分之前，已经成为了一个巨大的赚钱机器，有人曾经把该托拉斯形象地称为印钞机。约翰·戴维森·洛克菲勒不到40岁的时候，已经拥有了超过10亿美元的财富，这个令人咋舌的数字，按照同比价值，可以说富可敌国。受到约翰·戴维森·洛克菲勒垄断思想的影响，几个金融寡头垄断了美国的石油、电信和铁路等产业，少数富人垄断了美国超过60%的财富。

批评约翰·戴维森·洛克菲勒的人指责说，约翰·戴维森·洛克菲勒的石油帝国是建立在不正当竞争的基础上的，而且还伴随着官场行贿和哄抬物价。

尽管约翰·戴维森·洛克菲勒觉得委屈，实际上由于财富过于集中，使得下层人民和中小企业苦不堪言。所以从19世纪末开始，美国各地爆发了抵制托拉斯的大规模群众运动，这一切，都是约翰·戴维森·洛克菲勒永远也无法想象的，也是他后来投身慈善事业的一个主要动力。但问题是，民众们并不觉得约翰·戴维森·洛克菲勒的慈善能改变他在人民心中的印象，甚至有人觉得，这些假惺惺的慈善不过是富人的表演秀而已——他们通过垄断巧取豪夺了诸多资源，然后又假模假样地将其中的一小部分还给社会，以其赢得更好的名声、更多的利润。

约翰·戴维森·洛克菲勒决定用后半生，来消弭这种世俗心理。如果以颜色作喻的话，约翰·戴维森·洛克菲勒的前半生是黑色黄金一样的原油，而后半生是纯白如玉的天使。洛克菲勒的一生，诠释了人生的多彩和人格的多重性。

思想家塞内加说过："伟大的思想能变成巨大的财富。"反之亦然，约翰·戴维森·洛克菲勒的财富，也来自于他独特的人生思想。

第二节　一半是天使，一半是魔鬼

财富越多，责任越大。

——约翰·戴维森·洛克菲勒

只有天堂和地狱是纯粹的，处于中间地带的人类世界原本就是天使与魔鬼的混合体。

标准石油公司完全控制了石油业之后，"大型垄断企业的鼻祖"约翰·戴维森·洛克菲勒成了镀金时代的象征，因而也成了众人批评的焦点。

1888年美国大选时，反对各种托拉斯——包括石油、威士忌酒、糖业以及几十种其他行业托拉斯的抗议活动，在许多地方爆发，迫使竞选两党在施政纲领中都严厉地谴责经济过于集中。在这场越来越强的批评声中，约翰·戴维森·洛克菲勒再次受到了政府的严格审查。

1888年，纽约州参议院的一个委员会，在调查标准石油公司时才领会到与约翰·戴维森·洛克菲勒打交道有多难。一位送传票的司法人员来到百老汇26号的公司办公地，被告知约翰·戴维森·洛克菲勒出城去了。当他来到约翰·戴维森·洛克菲勒的家里时，被告知约翰·戴维森·洛克菲勒确实在家里，但不见客。为了防备这位大人物一大早溜掉，这位送达员在约翰·戴维森·洛克菲勒家的门廊下将就了一夜。第二天天刚亮他就按响门铃，却被告知约翰·戴维森·洛克菲勒先生已经离开了。

为了指导约翰·戴维森·洛克菲勒如何对付纽约参议院的听证会，标准石油公司聘请了一位名叫约瑟夫·乔特的著名律师。见面时，约翰·戴维森·洛克菲勒热情地同他打过招呼后，便歪在长椅上露出一副无精打采的样子。乔特试图就公司事务询问他的意见，约翰·戴维森·洛克菲勒却滴水不露，本来信心百倍地想帮助约翰·戴维森·洛克菲勒的乔特也毫无办法，这使乔特十分灰心。

该来的一定会来，不管约翰·戴维森·洛克菲勒愿不愿意，他都要走到法庭上。1888年2月的一个上午，石油大亨约翰·戴维森·洛克菲勒穿着整齐的外套，带着挺括的礼帽，由律师乔特陪伴进入了纽约最高法院，等待他的审判庭里早已人满为患。

律师乔特发现自己杞人忧天了，美国第一传奇人物果然不是浪得虚名，初见时那个垂头丧气的约翰·戴维森·洛克菲勒好像变了一个人，他的回答总是恰到好处。约翰·戴维森·洛克菲勒成了一个和蔼可亲的人，他平静而从容，对于该记得的该忘记的都能做出正确的判断，他的这种态度与原告律师那种咄咄逼人形成鲜明对照。

对方的律师罗杰·普赖尔用手指着他眼中的恶魔约翰·戴维森·洛克菲勒，谴责他垄断美国经济，给人们生活带来困扰，严厉地斥责他的托拉斯方式扰乱了经济秩序。

为了证明标准石油公司并非对方指责那样是一家垄断企业，约翰·戴维森·洛克菲勒不慌不忙地提供了1882年标准石油公司起草的托拉斯协议，并公开了8位现任委托人的姓名，还透露说公司有700位股东。这位平民出身的富翁侃侃而谈，说明了自己创业的艰难，提交了一份与他有竞争关系的111家炼油厂的名单，他还在法庭声情并茂地诉说了他与俄国石油业之间惊心动魄的竞争故事。但是无论约翰·戴维森·洛克菲勒如何为自己辩解，他都无法改变早已在人们心中形成的想法，他的公司还是被定性为美国本土最难对付的金钱实体，是原始的托拉斯。

约翰·戴维森·洛克菲勒当然不是一个魔鬼，至少他不认为自己是魔鬼，所以他开始大量地捐款。可遗憾的是他赚钱的速度永远高于他捐钱的速度，他的魔鬼面目始终不能得以很好的改变。但是有什么能难倒约翰·戴维森·洛克菲勒的呢？这个商界奇才不仅会赚钱，同样会花钱，他用了几年的时间终于找到了一种系统又科学的捐款方式，那就是开办学校。

约翰·戴维森·洛克菲勒创立了芝加哥大学，这个从来没有接受过系统教育的寒门子弟却为无数寒窗苦读的莘莘学子创造了读书的机会，这真是一个完美的慈善事业。

饱受舆论争议折磨的约翰·戴维森·洛克菲勒不愿意在公众场合出现，他不想把自己创立的大学同自己的名字联系起来，他甚至不愿意出席芝加哥大学的一些盛大活动。经过多次邀请，1897年，芝加哥大学的校园终于迎来了它的赞助人——约翰·戴维森·洛克菲勒。

那是芝加哥大学建校5周年的庆祝活动，校长威廉·雷尼·哈珀费尽心思才说服约翰·戴维森·洛克菲勒出席这个意义重大的活动，可是约翰·戴维森·洛克菲勒拒绝在活动中发言。

那一天盛况空前，芝加哥大学校园里人们盛装而出，每个人脸上都洋溢着喜悦与兴奋的笑容，只有一个人例外，他戴着一顶丝质礼帽，穿着普通的礼服，缓慢地走在校园的小路上，他的双眼紧紧盯着地面，就像少年时代那个因为贫穷而害羞的男孩儿一样，尽管今天他已经是全美国最富的人了。

就像约翰·戴维森·洛克菲勒要求的那样，他只是出席活动而不事张扬，他登上主席台只是表示他对校方的尊重，再无其他。第二天，这个传奇人物穿着运动装骑着自行车在芝加哥校园里做了一次最环保最低调的参观。一切结束后，他为自己这种捐款方式而感到欣慰。

1895年，56岁的洛克菲勒开始不露声色地逐步隐退，把事业交给他的儿子小约翰·D·洛克菲勒。1937年5月23日，洛克菲勒去世，享年98岁。对这个传奇的人，谁也不能说他是一个魔鬼或是一个天使，他只是一个用魔鬼方式赚钱却用天使方式花钱的奇迹。

第三节　和未来对话

> 放纵与封闭都不是最好的生活方式，我们要为自己写上一张庄重而高贵的名片。

每周末，商界人士都会一起搞一次聚餐派对，内容主要是增进感情的聚会，跳舞和聊天。约翰·戴维森·洛克菲勒将自己的儿女都带去了，因为他觉得这是带着孩子长见识的好机会。

伊丽莎白·洛克菲勒如鱼得水，好像小鸟飞到了森林里，一会儿跳舞，一会儿频频举杯，忙得不亦乐乎。而小约翰·洛克菲勒第一次参加这种聚会，显得有些落落寡欢。约翰·戴维森·洛克菲勒在这种场合从不显山露水，他喜欢低调行事，可看到儿子不适应这种交际场合，他却决定开导一下这个小伙子。

"怎么样，小伙子，感觉好不好？"约翰·戴维森·洛克菲勒摇着酒杯，来到儿子面前，有些明知故问地说。小约翰·洛克菲勒摇了摇头，望着窗外的夜色默不作声。"孩子，你或许不理解，这些人都在干嘛？他们要么疯狂起舞，要么穿梭交际，好像都不是自己原来的样子，或许你觉得这些人虚伪，不过，我想告诉你，这就是真实的人生。"约翰·戴维森·洛克菲勒摁了一下儿子的肩膀，他能理解一个不谙世事的小伙子对这种场合的厌恶。

第五章 六世家族的神话

"爸爸，你说的太对了，我觉得这里不适合我。我的理想就是做一个成功的商人，并不是来到这里插科打诨，吃吃喝喝。他们要么像跳梁小丑，要么像彻头彻尾的伪君子，我不喜欢这里。"小约翰·洛克菲勒坦诚地跟父亲说了自己的感受。

约翰·戴维森·洛克菲勒望着窗外，曼哈顿的夜色无比璀璨，鳞次栉比的高楼大厦将夜空装点得无比华美，好像是人间天堂。"孩子，你看。那些灯火，如果是一盏灯在发光，会那么美吗？"约翰·戴维森·洛克菲勒指了指窗外的灯火问儿子。小约翰·洛克菲勒摇了摇头。

"这就是我们来这里的目的。我们不是在混时间，更不是在寻欢作乐。要知道，这样的酒会藏着无限的商机，有时候，一个人无意中说出的一句话，也许就会带来巨大的财富，有时候无意中结交的一个朋友，就会在你困境的时候伸出援助之手，亲爱的儿子，这里不是霓虹闪烁的娱乐场所，这里是一个

灯会，你就是那盏孤独的灯，你在寻找另一盏灯。"约翰·戴维森·洛克菲勒总是能形象地说出自己的看法。

"爸爸，我有些懂了，可是，我还用在这里学习什么经验吗？"小约翰·洛克菲勒还是有些疑惑。

"就算是你现在进入我们的公司，也需要学习十年，因为你要熟悉各种生产流程和经营流程，还有，你还要学会与人的交流，因为你要做一名管理人员，重要的不是实际的生产经验，而是与人交往的管理经验。"约翰·戴维森·洛克菲勒回答道。

"可是，要知道，亲爱的爸爸，我已经尽力学习了，斯坦福大学的管理和精英课程是全国闻名的。"小约翰·洛克菲勒说起自己的学校，充满了自豪。

"错了，亲爱的儿子，学习并不是你说的那样，你把学习理解得太片面了。"约翰·戴维森·洛克菲勒摆了摆手，对儿子说。

"在正规的学校中，也许天文、政治、地理、历史是一切学问的根源，但有一样东西，你是永远在课堂上学不到的。你需要在社会大学中学习。因为你在学校学习的都是理论知识，没有实际经验，培根说过，读书使人富于知识，交谈使人机敏伶俐，而写作使人沉静，冥思人类的智慧。在大学的时候，你觉得自己是知识的拥有者，而到了社会中，最重要的是理论的应用。"老洛克菲勒接着说。

"我知道了，爸爸，你是让我在这样的环境中，学习与人交流的经验，我现在就去。"小约翰·洛克菲勒愉快地拿起香槟酒杯，向人群中走去。

约翰·戴维森·洛克菲勒很高兴，知道自己的儿子从此不再是个死啃书本的呆子，而是一个世事洞明的人。

这时候，伊丽莎白·洛克菲勒醉醺醺地来到洛克菲勒面前，摇摇晃晃不能自持。约翰·戴维森·洛克菲勒皱了皱眉头。

"爸爸，对不起，我一心只想成为人群中的焦点，没想到喝了太多的酒，我给你丢脸了，亲爱的爸爸。"伊丽莎白·洛克菲勒感到很不好意思，她对父亲说。

"孩子，确实不应该这样放纵自己。"约翰·戴维森·洛克菲勒语重心长地说。

"可是，亲爱的爸爸，你刚才不是还教育我，要我们在舞会上放开各种禁忌，与人多交流的吗？"小约翰·洛克菲勒怕爸爸生气，来替姐姐打圆场。

约翰·戴维森·洛克菲勒摇了摇头，他对着两个孩子说："我倒是很尊重你们的隐私，你们已经是大人了，有自己的私人空间，可以凭借自己的选择来做各种事情。不过，这是公共场合，需要注意自己的形象。一个酣醉的人，是一个无法控制自己意志力的人，这样，就不会有什么出息。我刚才说，你们要多与人交流，这并没有错，但是与人交流并不意味着放纵自己。要知道，良好的形象就是一个人最好的名片。"

"我明白了，亲爱的爸爸，像我这样的自闭，像伊丽莎白

那样的放纵都是不可取的。在这个多彩的世界里，需要的不是自我囚禁，也不是自我放纵，而是积极有度的人生态度。"听了父亲的教诲，小约翰·洛克菲勒觉得心里好像开了一扇窗。

是的，放纵与封闭都不是最好的生活方式，我们要为自己写上一张庄重而高贵的名片。

第四节　思想的传承

> 授人以鱼，不如授之以渔。
>
> ——老子

有了约翰·戴维森·洛克菲勒这样能"种花"还会"养花"的家长，真的不必担心孩子们会有什么偏差，这或许就是洛克菲勒家族能长盛不衰的原因吧。约翰·戴维森·洛克菲勒的思想像一笔宝贵的财富，世代相传。

洛克菲勒家族的第二代继承人，叫小约翰·戴维森·洛克菲勒，出生于1874年，作为家里的独子，他沿用了父名，只在前面加了个"小"字。

"作为一个巨额财富的继承人，是否考虑过从事别的行业。"有人曾经问过小约翰·戴维森·洛克菲勒。"从事别的行业？我根本没有这样想过。我从小起就只有一个念头，那就是帮助我的父亲，他走过的人生道路，就是最伟大的道路，我要做的只是沿着这条路走下去。"小约翰·戴维森·洛克菲勒毫不犹豫地回答。

大学毕业那年，风华正茂的小约翰·戴维森·洛克菲勒没有走向社会，而是走进了位于百老汇大街26号的标准石油公司纽约总部，职位是总裁助理。后来，小约翰·戴维森·洛克菲勒成为家族掌门人，他不仅接管了家族传统的石油生意，同时还接管了家族的慈善事业。在努力赚钱的同时，他经常会想起父亲的忠告："财富就好像暴风雪中的雪崩，有的时候会使得这个世界波澜壮阔，而有的时候，这些巨额的财富却能有一种毁灭的力量，会压垮后代的生活。"因此，小约翰·戴维森·洛克菲勒将事业的发展做了减法，他放弃了许多把家族事业发扬光大的机会，却把大部分的时间用在"散财"上。

小约翰·戴维森·洛克菲勒在管理慈善机构时，一直有一种强烈的愿望，就是恢复父亲的名誉，因为他始终觉得父亲的人格是伟大的，而世人对他的看法一直有失偏颇。于是，从美国威廉斯堡古城到法国凡尔赛宫，从北京协和医科大学到联合国总部，小约翰·戴维森·洛克菲勒都留下了慷慨的捐赠。

小约翰·戴维森·洛克菲勒共有6个子女，5个儿子1个女儿。其中大儿子是位杰出的慈善家，兴建了林肯中心和亚洲协会。二儿子纳尔逊投身政坛，曾成功创下4次连任纽约州州长的惊人纪录。1974年，纳尔逊被福特总统任命为美国副总统。

小约翰·戴维森·洛克菲勒的三子叫劳伦斯，他从祖父那

里继承了赚钱的天赋，他名下拥有15亿美元的资产，曾在《福布斯》富豪排行榜中排名进入过前五百名。1937年，劳伦斯继承了祖父的纽约证券交易所，踏上华尔街创业之路，他改变了投资的思路，并不亲自发展实业，而是将资金投向有发展前景的实业中去，然后获取丰厚的利润，于是劳伦斯被称为"风险投资之父"。

1938年，劳伦斯资助瑞肯·贝克成立了东方航空公司，成为公司的第一大股东，而东方航空也成为二战后盈利最多的航空公司。此外，他在1939年投资的麦道航空公司也成为军用航空器的主要供货商。劳伦斯独到的投资眼光，其实也并没有什么秘密可言，他秉承了祖父的一个观念：新技术和人的需要，永远是投资的不二法门。

小约翰·戴维森·洛克菲勒的四子温思罗普，创建了当时全世界最大的银行——大通国家银行。1930年，美国深陷经济大萧条，大部分银行都在艰难挣扎，而温思罗普的大通银行却兴旺发达，这也要归功于祖父的教诲：当一项事业处于最低潮的时候，恰好是投资的最佳时机。他在经济萧条的时候一反常态地大肆收购资产，所以当美国经济复苏时，他很快就积累了巨额的财富。

小约翰·戴维森·洛克菲勒的幼子戴维，后来成长为洛克菲勒经济帝国的第三代掌门人。他具有全球的政治视野，在冷战时期，就先后访问了前苏联和中国，并在全球化的背景下，利用之前积累的人脉，让洛克菲勒家族的财富呈现出几何式的增长。

美国传记作家彼得·利科尔和戴维·赫罗维兹评价说，到了洛克菲勒家族的第三代，一个整体的洛克菲勒家族已经消失了，取而代之的是5个家庭，约翰·戴维森·洛克菲勒的思想好像一粒种子，花开五朵，各自繁茂。

第五节 一个帝国的象征

> 如果总抱着"安全第一"的投资理念，是富不起来的。要想获得报酬，就要接受随之而来的风险。
>
> ——约翰·戴维森·洛克菲勒

1929年10月24日，是美国历史上著名的"黑色"星期四，世界闻名的经济大萧条爆发了。股市一泻千里，经济下滑使得人心惶惶，人们纷纷抛售手中的股票，任凭各种利好消息，瞬间就转换成利空的坏消息。

约翰·戴维森·洛克菲勒决定建造洛克菲勒大厦，但是曾经叱咤风云的他也经不住岁月的销蚀，他已经没有精力具体监督建造了。这时候洛克菲勒家族的当家人是小约翰·戴维森·洛克菲勒，家族中新的领军人物。

在经济危机的时候建立洛克菲勒大厦，是洛克菲勒家族的重大决定，因为这不是一个简单的建筑物，而且是重振美国经济信心的重要标志，这个直冲云霄的建筑，显示了美国人对美国经济的自信。

但是，在美国当时的经济形势下建造这个摩天大楼并非易事。因为整栋大厦的造价太高了，约为1.2亿美元。这项投资超级冒险，因为那时候，每个美国人都相信现金为王，恨不得将手中的各种地产变现，而小约翰·戴维森·洛克菲勒却反其道行之，要建造一幢庞然大物。

冒险精神是洛克菲勒家族的一个标志。小约翰·戴维森·洛克菲勒继承了父亲的冒险精神和实干精神，他筹措了约8千万美元的款项，剩余的资金也是由他担保，从大都会保险公司借贷的。

老约翰·戴维森·洛克菲勒当初决定建此大厦当然并不是完全报以公心，毕竟让一个商人付出这么大的代价去为国家经济提振信心并非易事。老约翰·戴维森·洛克菲勒的做法实际上是一箭双雕。一方面，这时的地价降到了历史的最低点，以后很难再有机会用这个价钱买下这块土地，另一方面，这个地点是纽约最中心的位置，有着无可比拟的地段优势，经济环境一定会好转，那么这个黄金地点的潜力就会显现出来。而且这幢大楼能对美国经济发展增加信心，何乐而不为呢？

从建造摩天大楼开始，小约翰·戴维森·洛克菲勒并没有盲目施工，而是聘请建筑专家论证大楼的经济价值。据估算，大厦建成后，仅租金就可以收到近600万美元的利润。

1937年5月23日是个星期天，老约翰·戴维森·洛克菲勒安详辞世，临终前，他拉着儿子的手，向上比划一下，直指天上，又指指心口。小约翰·戴维森·洛克菲勒明白，父亲的嘱咐就是要建好洛克菲勒大厦，这是家族安放心灵的家园。

两年之后，已经65岁的小约翰·戴维森·洛克菲勒，带着父亲的临终嘱托，要为洛克菲勒大厦的建成完成最后一个步骤。

小约翰·戴维森·洛克菲勒头戴安全帽，手上套着胶皮手套，为洛克菲勒大厦安装上了最后一个铆钉。这个雄踞纽约中心的大厦，呈现出螺旋上升的喷薄锐气，象征着洛克菲勒家族永远进取的企业精神，也暗示着这个伟大的家族，已经完成了新老交替，走向了一个崭新的时代。

以往，人们总是指责洛克菲勒是暗箱操作的吸金大鳄。而小约翰·戴维森·洛克菲勒的努力，实际上都是向世人宣告，我们不仅是一个家族企业，更是美国经济的一部分，在美国经济滑向黑暗的时候，我们能够团结一心，共渡难关。

当小约翰·戴维森·洛克菲勒在人们的欢呼声中，手提铆枪走下大厦的时候，他心中激情起伏，因为这是一个家族神话的传承。

洛克菲勒家族的办公室，从百老汇大街26号美孚石油公司大厦迁出，搬到了新落成的洛克菲勒广场30号第56层。从那时起，大厦的第5600室就成为洛克菲勒家族的总办事处了。

老约翰·戴维森·洛克菲勒故去了，但是这个伟大的家族神话还在延续，洛克菲勒大厦至今屹立，已经成为这个经济帝国最好的象征。

和创造世界名牌的人

一起放飞梦想

Let the dream fly

Rockefeller

第六章　留给后人的财富

Rockefeller

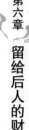

第一节　留给儿子的38封信

> 洛克菲勒的创业精神永远是激励我前进的伟大动力。
>
> ——比尔·盖茨

从1897年到1936年，将近40年的过程中，约翰·戴维森·洛克菲勒对儿子的教诲从未间断，留下了一部真伪难辨的《洛克菲勒给孩子的38封信》。不管这部书是真是假，单就内容来说，不啻于一本独特的精神修炼之书，每个人读起来都会受到深深的教育。

这部书堪称约翰·戴维森·洛克菲勒一生智慧的总结，也可以看作是对儿子精神训练的讲义。这38封信的内容，充满了人生的智慧，处处蕴含着人生的哲理。

约翰·戴维森·洛克菲勒认为自私是人的天性，所以他宣布"每个人的宗教就是'我'"，而且他也鄙视这种自私成性，却要求别人以诚相待的人。他不无嘲讽地说："要求我以诚相待的人是想在我这里捞到好处。"

在这本家信集中，老约翰·戴维森·洛克菲勒充分展现了自我的理性修养，他将一个人成功的秘诀归结为怀疑精神，对

以往的所谓人生教育都提出了自己的看法。比如他说"地狱里住满了各种各样的老好人，通往地狱之路，是用所谓的善意铺就的"。表面上看起来这样的言论都有些荒诞不经，事实上，老约翰·戴维森·洛克菲勒的这两句话要表达的一个主题——一个人要坚持原则，如果是没有原则地表示友谊、同情或信任，就是个不讲原则的老好人，就是对自己良知的欺骗和背叛。

在家书中，还处处体现了约翰·戴维森·洛克菲勒的深邃思考，他说："在我看来，知识就是力量这句话只说对了一半，知识只是一种潜在的力量，只有将知识付诸应用，而且是建设性地应用，才会显出它的威力。一个只能纸上谈兵的知识，是毫无用处的。"这种理论联系实际的做法，实际上深刻地影响了约翰·戴维森·洛克菲勒的企业文化和经营哲学。同时，这种思想也渗透到他的用人思想中，他说："我需要的不是只会记忆，记忆力超群而毫无思想的书橱，我要的是随时能解决问题，浑身充满活力的，有梦想并且敢于实现梦想的人，在我看来，他们要远远地超过那些所谓的专家。"

正是这种重实践能力，轻理论悬想的思想，约翰·戴维森·洛克菲勒一直致力于把后人培养成为"自己的力量越强大，别人的影响力就会越小"的卓越领导人，这种实用主义哲学思想，在他写给儿子的38封信中无处不在。

约翰·戴维森·洛克菲勒的真正伟大之处，还在于他对金钱的态度，在他1906年写给儿子的家书中，他抄写了一篇关于伟大的演讲辞。在信末是这样说的："人没有什么了不起，但没有什么比人更了不起的了，这要看你为你的同胞和国家做了什么……一个伟大的人和一个在事业上取得成功的人之间或许没有差别，或许就只有一步之差。那就是一个事业上取得一定成就的人是否也是一个行为正当、生活充实的人。"

约翰·戴维森·洛克菲勒的信里还有很多至理名言，比如"坏习惯能摆布我们，左右成败，它很容易养成，却很难伺候。""机会永远都不会平等，但结果却可能平等。"

这些箴言出自洛克菲勒写给儿子的家书，一百多年过去了，洛克菲勒家族已不再是闪光灯下的焦点，这些家书却在世界各地广泛流传，一版再版，被人们奉为"创造财富帝国的圣经"。

很多美国人认为，要想成功地培养儿女，一定要看看洛克菲勒家是如何做的。

为了避免孩子被家族的光环宠坏，不管是老约翰·戴维森·洛克菲勒还是小约翰·戴维森·洛克菲勒，在教子方面都相当花心思，并有一套祖辈相传的教育计划。

小约翰·戴维森·洛克菲勒则深信，富裕人家"恰当地培养儿女"，比寻常百姓家还要艰难。早在青年时期，他的父亲就写信告诉他："巨大的财富也是巨大的责任"，"你要想使一个人残废，只要给他一对拐杖"，"天下没有白吃的午餐"。信中还写道："在很久很久以前，一位聪明的国王想编写一本智慧录，以飨子孙。他的大臣们快马加鞭，完成了一本十二卷的巨作，老国王嫌长，令他们浓缩；大臣们几经删减，

国王还是不满意……直到最后，大臣们将这本书浓缩为一章，然后减为一页，最后变成一句话……孩子，智慧之书的第一章，也是最后一章，就是'天下没有白吃的午餐'。"

小约翰·戴维森·洛克菲勒也学习父亲，鼓励劳伦斯等孩子做家务挣钱：逮到走廊上的苍蝇，每100只奖10美分；捉住阁楼上的耗子，每只5美分；洗碗、擦地也有价钱……这些奖励机制，让家里的孩子从小就摒除了不劳而获的思想，认识到劳动所得的正当性和必要性。

曾有人将洛克菲勒家族的发展过程与美国社会的演变相提并论。一位美国作家在其著作中指出："百年已过，这个家族在国家的成长过程中铸造了自己的雄心壮志。现在，它消失在'美国世纪'正在完结的时候……"虽然逐渐淡出公众的视野，洛克菲勒家族的故事和他们的影响力，却一直流传于世。

第二节　少年好过，老年难过

> 把德性教给你们的孩子，使人幸福的是德性，而非金钱。
>
> ——贝多芬

约翰·戴维森·洛克菲勒有一个破旧的记事本，那里面密密麻麻地记录着他的成长史，他一直留在身边，视若珍宝。很多年后，当约翰·戴维森·洛克菲勒去世以后，洛克菲勒家族的成员将之视为传家宝，世代珍藏。

约翰·戴维森·洛克菲勒从小就对数字有着天然的敏感性。他和父母订立了一个契约，凡事都以支付报酬的方式完成。约翰·戴维森·洛克菲勒的父母都很赞成他的想法，他们对这种家庭关系不仅不视为一种疏离，反倒认为能培养孩子一种独立向上的精神。约翰·戴维森·洛克菲勒将自己的工作时间和工作量做了精确的统计，最后得出自己每小时工作时间，需要得到的报酬是0.37美元。于是，在这个蓝色的记事本里，约翰·戴维森·洛克菲勒就开始了自己的人生记载。

约翰·戴维森·洛克菲勒的人生，是从记载每一笔财富开始的，这种习惯他坚持了快90年。

约翰·戴维森·洛克菲勒父母的用意，可谓是用心良苦，在他们的心里，也并非生活多么艰苦，而是锻炼孩子的自理思想，因为，面对社会的时候，需要一种持之以恒的精神，这样才能成为一个真正的人。美国人往往注重培养孩子独立自主的精神，让孩子们利用假期端盘子刷碗，送报纸送牛奶，并将这种零工的钱攒起来，作为他们的学费和零花钱。

因此，美国孩子认为，要买什么东西用自己挣的钱是最光荣的。

约翰·戴维森·洛克菲勒对自己的家庭成员，要求极为严苛，他认为自己的财富有可能是一种祸害，会让诸多子女不思

进取，躺在祖先的功劳簿上好吃懒做，所以他严格管束自己的孩子。他的子女在成年之前，都没有去过洛克菲勒的公司，也不知道自己的父亲是个大托拉斯的老板，更不知道自己家庭的财富堪称富可敌国。

约翰·戴维森·洛克菲勒在家里实行了一套很有趣的家庭法则。他任命自己为董事长，任命自己的妻子为总经理，自己的孩子作为员工，其中年龄较大的作为工长，年龄较小的作为低级工人。

约翰·戴维森·洛克菲勒对孩子的零花钱控制得很严格。每个月并不给孩子固定的零花钱，每个孩子要靠自己的劳动来挣得收入：爱护玩具2美分，削铅笔10美分，认真学习，好好写作业每小时5美分，修理花园里的工具则能挣1美元，一天不吃糖可得2美分，第二天还不吃奖励10美分。在自己的菜园里劳动，每拔出菜地里10根杂草可以挣到1美分，打扫庭院的报酬是每小时15美分，保持院里小路干净每天是10美分。

约翰·戴维森·洛克菲勒对自己的教育方法很自得，他认为自己的孩子都是能自食其力的人。他的儿子小约翰，每天靠劈柴能挣50美分，而13岁女儿的职责是节约煤气，要是能节约煤气用量，每月结余的钱都归女儿所有，于是小女儿每天看着家里的煤气，有不关闭的情况，及时关闭。这样做既培养了孩子的节约意识，又培养了孩子动手劳动的能力，真是一举两得。

约翰·戴维森·洛克菲勒不光要求自己的孩子厉行节

愁的是办公地点还没有着落。

正在联合国组织一筹莫展的时候，约翰·戴维森·洛克菲勒家族经过激烈的家族会议讨论，最后得出一个决议：出资近千万美元，在纽约的繁华地段购买一块地皮，无偿地捐助给联合国——这个刚刚成立的国际性组织。联合国对于这个慷慨的捐赠喜出望外，这是这个日后在政治经济领域里发挥重大作用的国际组织获得的第一个安身立命的场所。最重要的是，这一切都是无偿的捐赠，不附带任何条件。

在美国的其他财团看来，这简直是一件疯狂的事情。首先，这是只赔不赚的买卖，因为任何人都无法预见这个新型组织的未来。再有，即使联合国将来能发挥越来越大的作用，但是只局限于政治领域，对于商业的竞争行为，不能起到决定性的作用，因为美国是一个市场经济和法制高度健全的国家。很多人在看洛克菲勒家族的笑话，认为这样的投资愚蠢透顶，结果只能是赔了夫人又折兵。

奇迹发生了，巍峨的联合国大楼拔地而起，随之而来的是，周围的房价水涨船高，大家在感慨当初没有把周围的土地购买下来的时候，资本市场传来了令人震惊的消息。洛克菲勒家族凭借周围土地的所有权买卖，已经挣了几十亿美元，相当于当初捐赠额的上百倍。

原来，洛克菲勒家族早就在纽约买下了一大片土地，但是苦于没有开发的契机，地价总是徘徊不前，利润更是少得可怜，当洛克菲勒家族得知联合国总部的困境时，觉得这是个千

载难逢的好机会。其实这是一个很简单的逻辑推理，联合国总部必然是一个庞大的社会组织，需要更多的土地安置工作人员和物业管理。这时候，洛克菲勒家族开始了聪明的草蛇灰线计划，将自己的计划隐藏在慷慨的捐赠里。俗话说的好，风物长宜放眼量。一个有远见卓识的人，看到的就绝不仅仅是眼前的蝇头小利，而是能视人生为棋局，懂得布局也懂得取舍。当周围的人还在为一个伟大的计划争论是否值得的时候，洛克菲勒家族已经胜券在握了。因为他们知道，自己得到的绝不仅仅是联合国的所谓感谢，而是源源不断的财富。

很多人不喜欢谈论政治，认为经济和政治并没有太大的关系。但是一叶而知秋，伟大的商人，往往能从不起眼的细节入手，将自己的财富故事，书写得跌宕起伏，荡气回肠。

1929年秋天，老约翰·戴维森·洛克菲勒来到街边擦鞋，看到一个利索伶俐的小孩，提着擦鞋箱子悠悠荡荡。

"先生，需要擦鞋吗？我是纽约最好的擦鞋匠。"小孩殷勤地招呼客人。

"那麻烦你了，小家伙。"约翰·戴维森·洛克菲勒对这个自信的小家伙很感兴趣。

"好嘞！"小擦鞋匠对今天的主顾也很满意，因为这是他第一次听见客人对自己很客气，于是他决心好好为这位先生服务。

"先生，我能看出你是干什么的，信不信？要知道，我的客人可是三教九流，啥人都有。"小擦鞋匠突然压低了声

石油大亨洛克菲勒

138

音："知道吗？我还认识一个在纽约华尔街交易所上班的朋友……"

约翰·戴维森·洛克菲勒觉得这个多嘴的小家伙很可爱，也不作声，只是微笑地看着他。

"知道吗？我可是这条街上最好的擦鞋匠。"小擦鞋匠仿佛受到了莫大的鼓励，约翰·戴维森·洛克菲勒对这个小孩的好感增加了，一个人的自信往往是成功的开始。可是这个小孩接下来的话，让人觉得有点饶舌："先生，我的能耐还远远不止于此，我和华尔街上的先生们都有很多联系，他们告诉我很多炒股票的秘诀，这样吧，先生，我看你是个很好的绅士，如果你能给我一美元，我就告诉你一些股票的内幕消息……"

听着小擦鞋匠滔滔不绝的讲话，约翰·戴维森·洛克菲勒皱了皱眉头，倒不是因为小擦鞋匠的啰嗦态度，而是他想起，如果一个擦鞋的小孩都能够对股票谈论得头头是道，那么是不是意味着这个市场已经良莠不齐，出现了很多泡沫，这个时候如果还在股市里恋战，很可能会输得倾家荡产。

"我给你两美元。"洛克菲勒看了看擦得锃亮的皮鞋，对着小鞋匠表达了谢意。

"可是先生，我还没告诉你独家秘籍呢，关于股票生意的信息呢？"善良的小鞋匠可不愿意无功受禄，他对这个大方的顾客没听自己的秘籍有些失望。

"不，孩子，你已经告诉我股票生意的秘籍了。"约翰·戴维森·洛克菲勒诚恳地说。

擦完鞋后，约翰·戴维森·洛克菲勒快速来到股票交易大厅，他将自己手头的股票全部变成了现金。

果然，不到半年，华尔街股市全面崩盘，很多人赔得血本无归。人们对提前离场的约翰·戴维森·洛克菲勒无比敬佩，纷纷赞扬他的远见，向他询问炒股的秘籍是什么。

"我哪里知道什么秘籍啊，不过是遵循一个古训罢了，古训说，物以稀为贵。"约翰·戴维森·洛克菲勒笑着说。

约翰·戴维森·洛克菲勒的一生，看起来充满了用不完的好运气，在旁人羡慕的目光中，他收获了巨额的财富，但是他从来不认为自己是一个受到命运眷顾的幸运儿，相反他把这一切归功于自己的经营，将自己的经营秘籍归于一个词：发现。他预先发现了联合国总部周围的土地必然是稀缺资源，所以才无私地给予，换回了一大片土地的升值。他预先发现了股市中存在的金融泡沫，所以提前离场，套现获利。

英国哲学家培根说："幸运的机会好像是银河，它们作为个体的存在是不明显的，但作为整体的出现却光辉灿烂。同样，一个人如果具备了许多细小的必要元素，最终都能成为带来幸运的条件。"纵观洛克菲勒的一生，的确不是靠偶然的运气发家致富，而是靠着敏锐的头脑，发现问题，解决问题。

第五节　成由勤俭败由奢

节俭是天然的财富，奢侈是人为的贫困。

——希腊谚语

约翰·戴维森·洛克菲勒虽然进学校读书的机会不多，但他善于把握学习时间，阅读了大量的书籍，加上头脑十分机敏。到了十几岁的时候，他已考虑自己怎么创业致富了。

为了寻找致富之路，约翰·戴维森·洛克菲勒辛辛苦苦地打工挣钱，终于攒到5美元，他决定将这5美元用于购买书籍，希望从书本中找到获得财富的方法。

一天，约翰·戴维森·洛克菲勒打开一份晚报，忽然在中缝里发现了出售"发财秘诀"的巨幅广告，他便连夜赶到书店去购买这本书，一路上奉若珍宝。他心中狂喜，终于找到了通往财富的大路。回到家里，约翰·戴维森·洛克菲勒急忙拆开包装严密的《发财秘籍》，哪知书里面都是空白的纸张，只有在最后一页上印着"勤俭"这个词。

约翰·戴维森·洛克菲勒大失所望，十分生气，把书狠狠地摔到地上，他想去书店找老板算账，控告他及作者是欺世盗名之徒，只会挂羊头卖狗肉，欺骗善良的读者。但当时时间已晚，他估计书店已经关门，所以准备第二天再去理论一番。

那天晚上，约翰·戴维森·洛克菲勒辗转反侧，夜不能寐，起初是对书的作者和书店生气，为什么用这样卑鄙的手段骗钱？后来又生自己的气，竟然没有禁住诱惑，幻想一夜暴富，却使他辛苦得来的5美元血汗钱浪费在这"骗术"上！

夜已深了，约翰·戴维森·洛克菲勒的火气也慢慢降下来。他想，为什么作者仅用一个词出版一本书呢？为什么又选用"勤俭"这个词呢？终于，他明白了一个道理，这本书的作者和书店老板固然可恨，但是这件事如果从正面理解，也是一句人生的箴言，勤劳才能获得财富，节俭才能守住财富，这不就是自己苦苦追寻的致富秘籍吗？

想到这里，约翰·戴维森·洛克菲勒赶紧把书本从地上捡起来，恭恭敬敬，深深地吻了这本秘籍一下，然后端正地摆在他卧室的书桌上，并将"勤俭"作为他的奋斗座右铭。从此，他更加勤奋地工作，劳动所得全部积蓄起来，准备用作以后创业之用。约翰·戴维森·洛克菲勒就这样坚持了5年，辛辛苦苦地积攒了800美元，他用这笔钱开创了他的事业，赚取了人生的第一桶金。后来，他成长为石油大亨。

致富的方式有很多种，但如果不是继承来的大笔财富，很多大富豪的经历都证明了人生的第一桶金是需要勤俭节约，靠毅力和胆识得来的。所以那本骗人的秘籍，又说出了人生的哲理——致富的秘诀只有一个词"勤俭"。

一次，约翰·戴维森·洛克菲勒因公到华盛顿出差，他风尘仆仆来到一间酒店，对着前台服务员说："请给我开一间普通的标准间。"

这时候，酒店的经理认出了眼前这个普通人，竟是大名鼎鼎的富翁约翰·戴维森·洛克菲勒，他的财富能买一千个这样的酒店。当听说约翰·戴维森·洛克菲勒选择了普通房间的时候，经理有些疑惑不解，他决定试试运气："冒昧地打扰您，先生，您需要我们这里的豪华套房吗？我们这里豪华套房是总统级服务，非常适合您这种有身份的绅士。"

"身份？我的身份就是住店的客人。"约翰·戴维森·洛克菲勒对奢华的享受完全没有兴趣，"谢谢您的好意，我想，我的需要只是一个普通房间，能睡觉就可以了。"

"如果我没认错的话，您就是大名鼎鼎的洛克菲勒先生。"酒店经理疑惑不解，他说："名列美国三大富翁之一的石油大王，居然要住最便宜的客房，委实令人诧异不已。真的不可思议，您拥有那么多财富却如此俭省。要知道，您的儿子经常光顾我的酒店，他可是住的最豪华的总统套房。"

约翰·戴维森·洛克菲勒与钢铁大王安德鲁·卡内基、银行家摩根号称为美国当代的三大富翁。约翰·戴维森·洛克菲勒听后，觉得这个经理的话有些唐突，但他依然平静地回答道："是吗？这一点也不奇怪，要知道，他住豪华套房，是因为他的父亲很有钱，我住普通房间，是因为我的父亲没有钱。"

约翰·戴维森·洛克菲勒的俭省态度，并不意味他是个一毛不拔的吝啬鬼，相反，他乐善好施，几乎散尽了家财。只是，他觉得奢华的生活只会引导人走向堕落，并没有半点好处，他的一生谨守着基督教义，从不放纵自己的欲望，对自己的生活极为严苛，对金钱的态度也极为严苛。

英国女王伊丽莎白二世，或许是这个世界上最富有的王室成员。她经常挂在嘴边一句英国谚语——"节约便士，英镑自来"。据她身边的皇家工作人员说，每天晚上，她都要亲自来到白金汉宫的走廊和小厅里闭灯关窗，从不间断。还有一个小细节，她要求王室成员将牙膏使用干净，而自己也是在牙膏再也挤不出来的时候，还在尾部剪一个小口，继续使用几天。

日本丰田公司，作为世界著名的跨国公司，有着最能体现节约精神的管理文化。工人的手套坏了，破损了，要一只一只地来更换，办公用纸使用了一面，另一面也要继续使用，并将边角裁下来作为办公便签使用。在丰田公司的厕所水箱里，竟都垫着一块砖头，是为了节约用水。丰田每年都创造巨额的财富，却有如此强烈的节约意识，确实值得学习。

美国国会日前通过了著名的"牙签法案"——国会议员在接受宴请时，酒会上的所有食物都必须拿牙签吃，或者用手拿着吃，否则就算是变相受贿。这么严苛的法案遏制的不仅仅是奢靡之风，更重要的是传递给国民一个信息：节约不是贬义词，而是一种美德。

这种自上而下的节约风气，影响到了美国校园，美国大学食堂推行了"无托盘行动"，学生就餐改用圆形餐具，因为托盘往往影响学生对食物数量的判断，造成不必要的浪费。

　　由此看来，节约不是抠门的代名词，节俭意识也和财富、年龄与时代无关，它和一个国家、民族的文明程度有关，它和个体的思想修养有关，富由俭生，节俭是一种习惯，更是一种美德。

　　松下幸之助说："没有比花钱更难的事，因为一个人的人格，将在这上面表露无遗。"约翰·戴维森·洛克菲勒丝毫不在意是否有奢华的享受，因为他的人生信条是："过多的财富会给自己与子孙带来灾难。不如施之于慈善事业，嘉惠他人。"

第六节　幸福不是比较级

　　幸福不是比较级，如果你一直贪婪的话，你不会获得更多的幸福。

　　　　　　　　　　——约翰·戴维森·洛克菲勒

　　约翰·戴维森·洛克菲勒看到儿子的账单，不由得紧锁眉头，他是个白手起家的商业巨子，最反感有人挥霍财富。约翰·戴维森·洛克菲勒直接来到儿子的办公室，平静地把账单递给儿子："小约翰，开门见山地说好了，我就是为这些账单而来的，我要和你谈谈。"

"这些账单是我的，不过我还是不明白，这样做究竟有什么错呢？"小约翰·洛克菲勒觉得爸爸有些小题大做。

"小题大做？儿子，你这样想更印证了我的担心，这可不是我故意找你的麻烦，知道吗？我看到账单的时候，发现有几笔支出是完全可以避免的，而且有些支出完全可以节俭一些，不需要过多奢华的消费，我不是心疼钱，而是担心你染上了富贵病。"约翰·戴维森·洛克菲勒直截了当地说。

"可是，亲爱的爸爸，我这样做也是为了公司好啊，你想一想，我们的谈判对象是一些尊贵的客人，如果我们不安排得好一些，而是在公司的食堂安排他们就餐，我们还能获得更多的合同吗？"小约翰·洛克菲勒还是不以为然。

"小约翰，你这么说我就更要和你谈谈了，"约翰·戴维森·洛克菲勒有些激动，"我们最大的目标是什么？没错，就是利润的最大化，而那些客户会因为招待的寒酸就不和我们合作吗？我想不是的，如果我们的产品不好，那么再奢华的招待仍然不能打动客户的心。即使我们有巨大的财富，可你这种挥霍的态度，只会使得我们的客户笑话我们，以为我们是只会吃吃喝喝的傻瓜，他们还有信心和我们合作吗？俗话说的好，傻瓜和财富没有亲戚。说的就是你这样的人。"

小约翰·洛克菲勒把头低下去了，他觉得父亲的话很有道理。

"如果你总是一掷千金的话，我们的客户就不会对我们产生信任的感觉，他们会以为我们的合作是不可靠的，所以，你这样做只会把客户推向我们竞争对手那里去。"停了一会儿，约翰·戴维森·洛克菲勒的语气缓和了一些。

他对儿子的极高期望值使得他必须停下来讲一讲道理："在我看来，金钱有两种用途，一个是获得更多的回报和收益。二是获得更多的幸福和快乐，这种幸福和快乐是无价的。"

"小时候，我很穷，我的爸爸妈妈根本没时间和我一起旅游，在有限的几次旅游中，我们全家都要详细地计划旅行的路线，而且要仔细地计算旅行的花费。这样做是很寒酸，但是你知道吗？我们越是精打细算，获得的快乐越是成倍的增加。旅行回来的时候，我们会无休无止地谈论这次旅游，并热烈地期待着下次旅游的到来，可是现在，你的情况是，即使坐飞机到千里万里之外去旅行，也不会太激动，也就是说，同等条件下，你获得的幸福和快乐是缩水的。"约翰·戴维森·洛克菲勒的思绪回到了自己的童年，他深情地对儿子说："幸福不是比较级，如果你一直贪婪的话，你不会获得更多的幸福。"

"爸爸，我错了，我要重新规划自己的人生，我要改掉自己挥霍的毛病。"小约翰·洛克菲勒听到父亲的教诲，羞愧得无地自容。

"小约翰，不要误会，我不是想把你培养成吝啬鬼或者苦行僧，那样的人生态度也是不足取的。人生的态度，最重要的是正确的选择，我发现你对金钱的态度有些随意，所以我要提醒你。"约翰·戴维森·洛克菲勒喝了口水，换了个思路开导自己的儿子。"一个人，应该将金钱用在最需要的地方，俗话说的好，宁可雪中送炭，也不要锦上添花，你花钱的方式，完全就是锦上添花，很多时候都是不必要的，也不会增加你的幸福和快乐，我说的是吧？"

"爸爸，我一定会按照你指引的道路走下去的，但是我也有个小小的要求，你是知道的，我这样不是一天两天了，要一下子改掉很难，所以我希望你可以给我一点时间，改掉这些坏毛病。"小约翰·洛克菲勒越来越觉得自己的父亲思路独特，对父亲充满了崇敬和感激。

"小约翰，你可以逐渐改掉自己的缺点，不过我希望你知道，人只是这世间的匆匆过客，而财富呢，不过是上帝托付到你手里的，只是暂时保管而已，所以，希望你尽快改掉自己的缺点，成为一个无愧于上帝托付的人。"约翰·戴维森·洛克菲勒满意地对儿子说。

幸福没有统一标准，然而有获得它的统一路径，那就是只有懂得幸福的来之不易，那才真正拥有幸福。

第七节 "四美元"董事长

> 重复简单的事，也可能成就伟大的事，
> 做有心的无名者，也会成为伟大的成功者。
>
> ——约翰·戴维森·洛克菲勒

在美国标准石油公司里，有一位小职员叫阿吉伯特。这是个不起眼的小职员，每天穿着灰色的西服，在办公室的角落里，默默无闻地工作，好像是空气一样，时刻存在着，却被大家视而不见。

不过阿吉伯特却做出了一件令人惊讶的事。他在出差住旅馆的时候，总是在自己签名的下方，写上"每桶四美元，标准石油公司"的字样，在公文和往来书信上也是如此，即使在小饭店吃饭的收据上，他也是如此。生活中，只要他签了名，就一定写上这几个字。他因此被同事叫做"每桶四美元先生"，同事们都爱拿这件事取笑阿吉伯特，大家都把他视为一个怪物，每天拿他开心取乐，而他的真名倒没有人叫了。

公司董事长约翰·戴维森·洛克菲勒在一次董事会上偶尔听到这个轶闻，别的董事都当作一个笑话来听，只有约翰·戴维森·洛克菲勒没有笑，他似乎从这个执着的人身上看到了什

么。他对下属说："你们为什么要笑呢？难道你们真的认为这个阿吉伯特先生是傻瓜吗？我看恰恰相反，这个人能十几年如一日地宣扬公司的名声，我看这是他爱公司的表现，这是公司员工的最好的表率，我要见见他，向他致以最高的敬意。"

于是约翰·戴维森·洛克菲勒邀请了阿吉伯特共进晚餐，在公司员工的惊讶和艳羡之中，阿吉伯特和约翰·戴维森·洛克菲勒成为了无话不谈的朋友。

后来，约翰·戴维森·洛克菲勒卸任，阿吉伯特成了新任董事长最信任的助手。

也许有人会说，阿吉伯特做的，只是一件微不足道的小事，他竟然凭借这件小事飞黄腾达，这一切看起来有些不可思议，但问题是，这样的小事，这样一件举手之劳的小事，只有阿吉伯特坚持做了，他获得了信任和成功。

当年嘲笑阿吉伯特的同事中，不可否认，一定有能力和品行都在阿吉伯特之上的，但是，阿吉伯特最后成为了这些同事的领导者。阿吉伯特只做了一件简单的事，他告诉我们：重复简单的事，也可能成就伟大的事，做有心的无名者，也会成为伟大的成功者。

Rockefeller

第七章　做真正的富人

Rockefeller

第一节 幸福是减法

> 现代人最大的困扰，不是选择什么，而是，因为选择而失去了什么。
>
> ——利波维茨

因为贫穷，约翰·戴维森·洛克菲勒年轻的时候，将追逐财富作为自己最大的人生目标。除了赚取更多的金钱，他似乎体验不到任何幸福的感受。当他赚取了一笔财富的时候，他会像一个小孩子似的，原地跳舞，将帽子向地上一摔，乐得蹦高。而如果失败了，他就会一病不起，神情萎靡不振，这种极端的情绪变化，严重地侵蚀了他的身体健康。

有一次，约翰·戴维森·洛克菲勒经由五大湖托运价值几万美元的谷物，而他却并没有按照当时通用的做法为这批谷物投保，他没有投保的理由很可笑，因为保险费太高了——150美元。

当天晚上，暴风雨令五大湖险象环生，约翰·戴维森·洛克菲勒十分担心货物的安全，他很懊恼自己为了节省一百多美元的保费，而损失几万美元，这真的有些得不偿失。

第二天早上，当他的商业伙伴乔治来到公司的时候，发现

约翰·戴维森·洛克菲勒正焦虑万分地在办公桌前来回踱步，不停地搓手。

"快，乔治，快想想办法，我们必须行动了，不然你也知道，这下子全完了。"约翰·戴维森·洛克菲勒的声音有些发抖，他向年轻的伙伴发出指令："现在就去城里，看看现在是否还可以投保，为了我们上万元的货物，花这点钱是值得的，如果不能的话，就太迟了！那就是上帝惩罚我的贪婪。"

乔治赶快用最快的速度来到城里的保险公司，办理了意外事故保险。当乔治回到公司的时候，发现约翰·戴维森·洛克菲勒的情况比早晨更糟糕。

"别担心了，亲爱的约翰，我已经顺利地投保了。你再担心就是没有必要了。"乔治连忙把这个喜讯告诉约翰·戴维森·洛克菲勒。

"我烦躁的恰好是这个，亲爱的乔治，刚才正好有一封电报来到。货物已卸下，未受到暴风雨袭击。"原来约翰·戴维森·洛克菲勒的沮丧，是因为他们已"浪费"了150美元！在他看来，一切没有效果的消费都是不必要的。

约翰·戴维森·洛克菲勒公司每年的营业额已经达到了50万美元，但是他却为了150美元焦虑不安，这一切显得荒诞无比，但是置身其中的约翰·戴维森·洛克菲勒并不能参透其中的奥秘，还是执着于一针一线的得失。

或许，生命中缺乏安全感，是约翰·戴维森·洛克菲勒一生焦虑的根源。他晚年回忆说："我始终不能相信，我获得的一切都是真实的，每天晚上，我一定要先提醒自己，我的成功也许只是暂时性的，如果我做得不够好，我手中的一切都会被上帝索回，这样反复想了几次，然后才躺下来睡觉。"

手中拥有巨额的财富，却始终担心财富的丧失，这是一个有趣的命题。为了赚取更多的利润，约翰·戴维森·洛克菲勒丧失了作为一个正常人应有的娱乐生活，他几乎不去剧院，也不爱运动，仿佛自己就是一个赚钱的机器。

"生活中他很正常，只有两件事能让洛克菲勒疯狂，一是赚取更多的钱，一是损失更多的钱。"他的朋友这样评价他。

其实，约翰·戴维森·洛克菲勒对自己的个性也不喜欢，但是却无力改变，他私下里对朋友抱怨："我倒是喜欢别人，也渴望接受别人的善意，可是该死的，我总是怀疑别人的真诚，这样一来，我的疑心病使我丧失了很多做人的乐趣。"

这番话说的倒是实情，因为生活中，约翰·戴维森·洛克菲勒的朋友很少，而且还有朋友陆续离他远去。

约翰·戴维森·洛克菲勒的公司里，员工对这位神一样的人物敬畏有加，但是这个老板有个怪癖，在办公室禁止议论上级，尤其是禁止议论约翰·戴维森·洛克菲勒。在公司的商业秘密上，约翰·戴维森·洛克菲勒始终缺乏对人的信任感，甚至嘱咐他的合作伙伴，不要泄露公司的商业计划，连自己的妻子也不行。

"闭紧你的嘴巴，努力工作"，这句话是约翰·戴维森·洛克菲勒的座右铭。

约翰·戴维森·洛克菲勒靠垄断手法聚积了大量财富，建成了一个庞大的托拉斯跨国公司，因此美国人都恨他，称他为金融剑子手。在他53岁那年，美国实施反托拉斯法，为了避免垄断公司过于强大，影响公平竞争，要将他的公司分解成几十个各自独立的分公司。这场官司一直持续了五年，那段时间他整日生活在焦虑之中：丝毫体会不到生活的乐趣，觉得自己的生命将要走到了尽头。医生也告诉他，再这样下去会活不了多久。但是，他仍然放不下他的公司，那是他一生的心血。

一天，约翰·戴维森·洛克菲勒遇见了一位牧师。

"你认为人生真正的幸福快乐是什么？是财富吗？你用尽心血将企业办这么大，但美国人还是恨你。是地位吗？你获得了至高无上的地位，但是为什么你的健康离你远去呢？你这样生活有什么意义？"牧师问约翰·戴维森·洛克菲勒。

约翰·戴维森·洛克菲勒听后，思想上发生了变化，他改变了自己的价值观，认为帮助别人才是最大的快乐。于是，他决定退休。此后他开始大量做善事，随着他慈善事业的进行，"爱"又重新回到了他的心中，他的心胸也开始宽阔起来，活着也越来越有滋味。

约翰·戴维森·洛克菲勒终于明白了"施比受更有福"的道理。

约翰·戴维森·洛克菲勒后来又活了45年，98岁才去世，成为了美国最大的慈善家。他在自传中说，他的后半生才是真正快乐的人生，因为他又赢得了美国人的尊敬。洛克菲勒改变了他的价值观，于是就改变了他的人生，终于享受到了人生快乐！

在危机面前，换一个思路，就会获得截然相反的结论。

后半生里，约翰·戴维森·洛克菲勒十分快乐，他已完全改变，完全不再烦恼。事实上，在他被迫接受他生命中最大的一次失败时，他甚至不愿因此而失去一晚的睡眠。

那次失败是这样的：他一手创立的那家大企业——标准石油公司，被政府勒令付出"历史上最重的罚款"。根据美国政府的说法，"标准石油公司"是一垄断企业，直接违反《反托拉斯法案》。

这场官司打了五年，美国最伟大的大律师都投入这场在他们看来似乎永无终止的官司，但"标准石油公司"最后还是败诉了。在南迪法官宣布他的判决之后，辩方律师害怕约翰·戴维森·洛克菲勒无法接受这个坏消息，因为他们不知道他已经完全改变了。

那天晚上，其中一位律师打电话给他。他尽量委婉地把法官的判决告诉他，然后这位律师很关切地问他："洛克菲勒先生，希望这个判决不至于令你烦恼，希望你今晚好好睡一觉。"

老约翰·戴维森·洛克菲勒怎么说呢？"哦，"他毫不迟疑地回答，"不要担心，律师先生，我本来就打算好好睡一觉的。希望你也不要因为这件事而心烦。晚安！"

这话竟出自一个曾因损失150美元而伤心卧床的人的口

第七章　做真正的富人

中。不错，约翰·戴维森·洛克菲勒费了很长的一段时间才克服了他的烦恼。但是，他已经不是五年前那个烦恼缠身的约翰·戴维森·洛克菲勒了。他"死于"53岁，精神颓废，衰老不堪——但他又一直活到98岁。因为，施比受更有福。

约翰·戴维森·洛克菲勒最后的顿悟，使他获得了真正的幸福。

石油大王洛克菲勒的名言是：当红色的蔷薇含苞欲放时，唯有剪除四周的枝叶，才能在日后一枝独秀，绽放成艳丽的花朵。

第二节　天堂口信

> 我们身边并不缺少财富，而是缺少发现
> 财富的眼光。
>
> ——约翰·戴维森·洛克菲勒

有一天，约翰·戴维森·洛克菲勒在郊外看上了一块地，他找到地皮的主人，说他愿花10万美元买下来。"这样偏僻的地段，只有傻子才会出这么高的价钱！"地皮的主人拿到10万美元后，心里还在嘲笑这个傻瓜买主。令人料想不到的是，一年后，市政府宣布在郊外建环城公路，约翰·戴维森·洛克菲勒的地皮升值了150倍。

城里的一位富豪找到他，愿意出2000万美元购买这块地皮，富豪想在这里建造别墅群。但是，约翰·戴维森·洛克菲勒没有卖出他的地皮，他笑着告诉富豪："我还想等等，因为我觉得这块地应该增值得更多。"果然不出洛克菲勒所料，3年后，那块地卖了2500万美元。

约翰·戴维森·洛克菲勒的同行们很想知道当初他是如何获得那些信息的，他们甚至怀疑他和市政府的官员有来往。但结果令人很失望，约翰·戴维森·洛克菲勒没有一位在市政府任职的朋友。

约翰·戴维森·洛克菲勒的财富积累，完全靠着对细节的观察，对形势准确的预判。虽然对金钱比较执着，但是骨子里约翰·戴维森·洛克菲勒是一个生性乐观的人，他一生历经风雨而能以乐观的心态面对困难。在他看来，人生不过是一次单程旅行，重要的不是起点和终点，也就是不能选择起点是贫穷还是富有，更不能选择死亡的时间和地点。我们唯一能选择的是，在人生的旅程中，微笑地面对这个世界。

约翰·戴维森·洛克菲勒好像一个看破世事的智者，临终前，还和世人开了一个玩笑。他觉得自己的时日无多了，就让秘书在报纸上发布了一条消息：

这个世界上真正的绅士，约翰·戴维森·洛克菲勒先生，即将远离尘嚣，到天堂享受神恩的沐浴。在临走之前，他

決定给世人做最后一件善事，他不辞辛劳，愿意给失去亲人的人带口信，作为小小的补偿，每人收费100美元。

这样一则看似荒诞的消息，引起了世人的好奇之心，人们纷纷向报社打听去天堂的路，也向报社转达对这个天堂邮递员绅士的敬意。于是，约翰·戴维森·洛克菲勒的一则消息，竟让他赚取了10万美元。如果他能在病榻上多坚持几天，赚得还会更多。

约翰·戴维森·洛克菲勒的遗嘱也十分特别，有了先前天堂口信的成功，他又让秘书在报纸上登了一则广告：

约翰·戴维森·洛克菲勒，一个真正的绅士，生前行善无数，却与寂寞相伴，想死后寻觅一位真正的淑女，愿和这位有教养的女士共眠一穴，共度人生的最后一个驿站旅程。

这个看起来惊世骇俗的遗嘱，竟然引来了知音共鸣，结果，一位贵妇人愿意出资5万美元和约翰·戴维森·洛克菲勒长眠在一起。

约翰·戴维森·洛克菲勒的财富神话，在生命的最后一刻，还在书写着传奇。还有什么是约翰·戴维森·洛克菲勒不能办到的？一直是大家想知道的。约翰·戴维森·洛克菲勒的神奇故事，在后人的眼中一直是个谜。他那别具匠心的碑文，也许揭示了他一生传奇的秘密："我们身边并不缺少财富，而是缺少发现财富的眼光。"

第三节 "得与失"辩证法

> 寻求快乐的一个很好的途径是不要期望
> 他人的感恩，付出是一种享受施与的快乐。
>
> ——卡耐基

约翰·戴维森·洛克菲勒在33岁时赚到了第一个100万美元，43岁时，他建立了世界上前所未有的最大垄断企业——庞大的"标准石油公司"。看似要风得风要雨得雨的约翰·戴维森·洛克菲勒，在50多岁的时候，人生忽然遭遇了大变故。

因为常年的焦虑和过度劳累，他本来身体十分强壮，腰身挺拔，走路也虎虎生风。但是这一切在洛克菲勒53岁那年彻底发生了变化，他有些驼背，而且走路也像站立不稳的样子，他好像一下子衰老了很多。更可怕的是他得了一种怪病，头发全部掉光，甚至连眼睫毛也一样，只剩下淡淡的一绺眉毛，按照他自己的说法，自己已经是能喘气的木乃伊。

医生诊断说，这种疾病其实更多的是一种心理疾病，后来，他出门需要带着一顶无檐帽，最后他干脆定制了几顶假发，这些昂贵的物件，花去了这个亿万富翁500美元。

长期的焦虑和超负荷的劳作，使得约翰·戴维森·洛克菲勒无法享用生活的一切美好事物。

约翰·戴维森·洛克菲勒是世界上最富有的人，每周的收入就高达百万美元，但是他无福消受豪华的床铺，只能睡在硬板床上，因为他的脊柱已经无法在柔软的床上休息。他富可敌国，但是每天的食谱很简单，不能享用豪华大餐，只能食用饼干和奶酪，而且不能涂抹黄油，因为他的消化系统已经严重老化。

约翰·戴维森·洛克菲勒的身体陷入了一种恶性循环，越是焦虑，身体就越差，就越不能很好地补充能量。才50出头，命运好像就要把他推向坟墓的边缘。另外，竞争对手的恶语中伤，消费者对自己的诸多不满，也让他焦头烂额。贪欲与莫名的恐惧已彻底破坏了他的健康。

美国最著名的传记女作家伊达·塔贝，本来要写一本著作，揭发"标准石油公司"的罪恶，她当然不会去喜爱一手建造这一金融怪物的人。但是伊达见到他时吓坏了，她写道："洛克菲勒的脸上是一种可怕的衰老，我从来没见过这个年纪的人，竟然拥有这样衰老的容颜，说实话，我本来是想揭露他的罪恶，可是很奇怪，那一瞬间我对他的感受只有一个词——同情。"

伊达说："洛克菲勒的眼神显得如此无助，我终于明白了，财富买不来健康，这个叱咤风云的人物，只能在教堂的角落里，祈祷上帝恩赐，出现生命的奇迹。"

医生已经给洛克菲勒下了最后通牒，他必须做出选择，在财富和生命之间，在烦恼和快乐之间。他选择了退休。

医生们开始挽救洛克菲勒的生命，他们为他立下三条规则——这也就是他后来终生彻底奉行的三条规则：

一、避免烦恼。在任何情况下，绝不为任何事烦恼，如果烦恼缠身，不啻于又向地狱迈进一步。

二、放松心情，多在户外做适当运动，做一个普通人，享受生活的乐趣。

三、注意节食，随时保持半饥饿状态，如果想享受人生的盛宴，就要放弃过多的欲望。

约翰·戴维森·洛克菲勒遵守这三条规则，因此挽救了自己的性命。他从事业上彻底退休，过上了普通人的生活，学习高尔夫球，没事就挥上几杆，和儿孙辈一起玩玩闹闹。平时，约翰·戴维森·洛克菲勒也像普通美国人那样，修剪庭院的草坪，隔着篱笆墙和邻居聊天，和朋友欢聚，打打牌，甚至还能唱唱歌。

与此同时，约翰·戴维森·洛克菲勒也在思考自己的人生，他发现自己生命的前几十年，思考的都是如何赚取更多的钱，他决定今后要思考，能付出什么，能为更多的人带去什么。

约翰·戴维森·洛克菲勒开始大量地捐助金钱，但是，民众对他积怨过深，他们无法理解约翰·戴维森·洛克菲勒的行为到底是真心的捐助，还是哗众取宠的收买人心。

当他向一座教会学校捐献时，全国各地的传教士发起集会，齐声发出反对的怒吼："我们不要留着鲜血的肮脏钱，我们不要腐败的金钱！"

但约翰·戴维森·洛克菲勒不为所动，继续捐献，在他获知密西根湖岸的一家学校因为抵押权而被迫关闭时，他立刻展开援助行动，无条件捐助了几百万美元，帮助他们渡过难关，几十年之后，将它建设成为目前举世闻名的芝加哥大学。

约翰·戴维森·洛克菲勒也尽力帮助少数民族。像塔斯基吉黑人大学，为了完成黑人教育家华盛顿·卡文的志愿，他毫不迟疑地捐出巨款，将之打造成为美国著名的少数民族族裔教育机构。

约翰·戴维森·洛克菲勒深知，全世界最需要的不是个人的自我奋斗，而是造福人世的爱的奉献。而且，这个世界上也不缺乏饱含善意的爱心人士，而是缺乏对这些善举的资金支持，很多行动就是因为资金不足而被迫夭折。他决定帮助这些人道的开拓者——却并不是将之统一纳入自己的名下，他已经看淡了名利，一个连生死攸关都经历过的人，又有什么放不下的呢？

有人发现盘尼西林可以治疗十二指肠虫，著名的十二指肠虫专家斯太尔博士公开说："只要价值50美分的药品就可以为一个人治愈这种病——但谁会捐出这50美分呢？"有这样的人，他就是约翰·戴维森·洛克菲勒，他捐出钱来，帮助人们摆脱了疾病的折磨。

约翰·戴维森·洛克菲勒又采取更进一步的行动，他成立了一个庞大的国际性基金会——洛克菲勒基金会，致力于消灭全世界各地的疾病、无知与贫穷。他做了上帝之子能做的一切善举，也换来了身心的宁静与健康。

约翰·戴维森·洛克菲勒的前半生，是贪婪的索取，但是健康被无情地剥夺了。他的后半生，性情大变，以善举赢得了世界性的赞誉。我们很难将一个人的捐助和健康联系在一起，但只有约翰·戴维森·洛克菲勒知道，从此以后，他每晚睡得特别踏实。

我们可以为金钱殚精竭虑，但是在你拥有金钱的时候别忘了，还有比金钱更重要的东西。

第四节 耐得寂寞，守得繁华

> 生命在闪光中现出绚烂，在平凡中现出真实。
>
> ——伯克

约翰·戴维森·洛克菲勒的私生活是严格按照浸礼会信仰的限制。这种清规戒律的生活，要求不得抽烟喝酒，甚至不能参加舞会。但就是这种看似苦行僧似的生活，他却欣然接受。

约翰·戴维森·洛克菲勒一生节俭，他将毕生的积蓄大多捐助给了穷苦人，自己却过着朴素的生活。当卡内基和范德比尔特等富豪家族，纷纷在纽约第五大道修建豪宅的时候，约翰·戴维森·洛克菲勒却在一条偏僻的街道买了一栋房屋。这是栋有几十年历史的老宅，用砂石建造的高大建筑，沉稳而庄严，这也符合他的个性。后来，约翰·戴维森·洛克菲勒将周围的房屋也一并买下，作为家族的祖宅产业，将洛克菲勒家族都聚拢到一起。

约翰·戴维森·洛克菲勒的住所也和他的性格一样，朴实无华，根本没有费力去装修。老式的维多利亚时代的家具和现代化的电器装饰，常常奇怪地混合在一起，使得这幢建筑的内部，显得不伦不类，但是约翰·戴维森·洛克菲勒似乎对此毫不介意。在他看来，房子不需要太豪华，不过是尘世间的容身之所而已。

私下里，约翰·戴维森·洛克菲勒是一个极度平和的人，他总是面带微笑，语言极其诙谐幽默，擅长向朋友和晚辈讲述幽默小故事。不过，他的这种态度并不是有求于谁，更不是想讨好别人，这是一种由自信带来的平静祥和心态。

约翰·戴维森·洛克菲勒的早餐永远是燕麦片，一个超级富豪的早餐也不过是寻常物，不过他不用奶油加糖，而是黄油加上一点盐，他说这样做能恢复食物的本来味道。年纪大了以后，约翰·戴维森·洛克菲勒吃饭的速度很慢，据说这样对消化有利，他甚至开玩笑说，自己喝牛奶的时候也要细嚼慢咽。

约翰·戴维森·洛克菲勒吃饭的时候，就是一天最喧闹的时候，他不喜欢自己一个人吃饭，喜欢大家聚在一起热热闹闹的场面。在约翰·戴维森·洛克菲勒的餐桌上，已经超出了吃饭的范畴，而像是朋友的聚会，很多和他一起创业的老友经常被邀请和他共进晚餐。约翰·戴维森·洛克菲勒与他的商务伙伴们建立了亲密的友谊，其中包括阿奇·波尔特、亨利·弗拉格尔，还有约翰·戴维森·洛克菲勒的小弟弟威廉·洛克菲勒，这些人都是一起创业，一起建设标准石油公司的功勋元老。

晚餐的气氛轻松幽默，而且有一条独特的规定——不能谈生意上的事情。只谈论和生活有关的有趣的奇闻异事。约翰·戴维森·洛克菲勒最爱做的就是开自己老管家的玩笑，艾文斯太太是洛克菲勒的多年管家，她身材矮胖且为人忠厚，恐怕这个世界上，只有艾文斯太太能敢于回敬约翰·戴维森·洛克菲勒的玩笑，这已经成了家族晚餐最有趣的传统节目了。在大家的哄笑声中，约翰·戴维森·洛克菲勒却心满意足地打起瞌睡，在他舒服的摇椅上半睡半醒，似乎他在欣赏周围人的微笑和生活。

约翰·戴维森·洛克菲勒是个非常虔诚的清教徒，但是他似乎从来不发表一些宗教性的言论，也不歧视不信仰宗教的人。他一辈子滴酒不沾，这在欧洲移民的后代里实属罕见。他的朋友中有很多是不折不扣的酒鬼。比如曾经的商业竞争对手，后来的私密好友阿奇·波尔特就是个嗜酒如命的人，而约翰·戴维森·洛克菲勒把对他的劝诫看成是自己的一个终身项目，不过，终其一生，也没能改变这位好友的嗜好。

"我为你，努力了60多年，看来，你胜利了，但是记住，老家伙，这是你这辈子唯一一次打败我。"约翰·戴维森·洛克菲勒只好摇摇头说。

约翰·戴维森·洛克菲勒对朋友尽心尽力，但是对自己的一切似乎都毫不在意。比如，他不像其他富豪那样，懂得养生保健，更对自己的外貌和形象毫不看重。年轻的时候，约翰·戴维森·洛克菲勒头发浓密，相貌英俊。但是在中年以后，洛克菲勒突然得了一种血液病，浓密的头发开始脱落。这种疾病严重地侵蚀了他的神经系统，后来，他的头发已经全部掉光了。

这时候，洛克菲勒罕见地打扮起自己，他出门要戴一顶无檐便帽，看上去很像是中世纪的贵族。再后来，他干脆戴上了假发。有一次，艾文斯太太悄悄问约翰·戴维森·洛克菲勒为何要注意形象了，约翰·戴维森·洛克菲勒想了想，说："我们的教义，虽然没有规定不能脱发，但是没有头发，总是不雅观的。"

约翰·戴维森·洛克菲勒爱玩一种纸牌游戏，叫做"纽美利卡"。这个游戏准确的说是一种数字游戏，并不涉及金钱赌博，为了增添情趣，约翰·戴维森·洛克菲勒设计了一个古怪的游戏规则，赢家赚取10美分，输的赚5美分。这些钱都是约翰·戴维森·洛克菲勒支付，他经常和儿孙辈玩得不亦乐乎。

至于体育活动，约翰·戴维森·洛克菲勒喜欢高尔夫运动，甚至在佛罗里达和新泽西州莱克伍德修建了私人球场，这算是约翰·戴维森·洛克菲勒这辈子最奢侈的消费活动了。但是他打高尔夫只是为了运动，很少打全场，只是和孙辈们打一些几洞的简版高尔夫。约翰·戴维森·洛克菲勒唯一沉醉其中的要算是骑马运动了。他养了几匹名马，没事的时候喜欢在僻静的大道上策马奔腾，并且定期和好友举办赛马比赛，奖品就是允许胜利者在失败者的屁股上拍一巴掌。

人生如一场游戏，但是不能有游戏的态度。

第五节　信仰的力量

> 人活着就要用生命去解释自己的信仰。
>
> ——马·普顿尔

从1790年开始，美国的最早一批移民迎来了认罪洗礼的高潮，大家纷纷找到灵魂的精神家园——基督教。这次信仰的热潮一直持续了半个世纪。洛克菲勒出生的时候，正是这种热潮的第二次爆发期。很多基督徒离开欧洲登上美国这片热土，"五月花"号的清教徒们已经子孙繁衍了几代人。他们考虑最多的，不是如何获得财富，而是如何反馈上帝的恩典。

来到美国的移民们勤勉地工作。他们总在思考一个问

题，这就是人生中常见的三个命题：我是谁？我们从哪里来？我们到哪里去，归宿是何方？这些清教徒将人生形象地譬喻为"上半生用命买钱，下半生用钱买命。"那么财富的来源是辛勤劳作，它的归宿是奉献终生。正如马克思·韦伯描写的新教主义和资本主义：拼命赚钱，拼命捐钱。

约翰·戴维森·洛克菲勒每周日都要到教堂，学习"主日"的课程。这几乎成为了他终身坚持的习惯。有两个人对约翰·戴维森·洛克菲勒影响巨大，一个是他的小学老师，这个浪荡不羁的老师，最初的时候放浪形骸经常做出亵渎神灵的举动，但是后来他成为了虔诚的基督徒，这种思想的巨大转变对约翰·戴维森·洛克菲勒的影响巨大。

还有就是约翰·戴维森·洛克菲勒的父亲，老洛克菲勒本来是个坑蒙拐骗的假药贩子，但是不知道什么缘故，中年以后的老洛克菲勒居然神奇地信仰了主。他在家里也唱诵圣经赞美诗，而且鼓励孩子去教会，接受主的洗礼，倾听主的教诲。

一次，一直抠门的父亲，突然做出了一个让约翰·戴维森·洛克菲勒终身难忘的举动，他竟然掏出了5美元放在洛克菲勒面前，代价是让儿子从头到尾读一遍圣经。

我们不知道这次通篇诵读，对约翰·戴维森·洛克菲勒的心灵究竟产生了多大的影响，但是可以肯定的是，他从内心深处明白了财富对一个人的价值。他认为人不过是一个过客，财富也只是这个过客留在世界上的符号而已。

当然，约翰·戴维森·洛克菲勒的母亲是他信仰之路的领路人，当一家人挤坐在教堂的长椅上时，他母亲总是鼓励孩子们在奉献盘里放下几枚铜板。

约翰·戴维森·洛克菲勒后来将自己的奉献精神完全归功于母亲的教导，因为母亲告诉他：上帝要信众努力收获，获得财富，然后无私奉献，普度众生，这是一种爱的循环。

"我的信念就是使劲挣钱，这没什么不好，如果你拥有无暇的思想。"约翰·戴维森·洛克菲勒回忆道，"教会的牧师和我伟大的母亲，都是这样教导我，并成为我人生的法则！"慈善意味着造福人类，撒播文明的种子，传递健康、正义与幸福的福音，它已经超越了一般意义上的公益活动。在洛克菲勒看来，慈善不仅仅是个人的义务，还是企业文化的重要组成部分。指的是时间、精力、财富的投入，为员工提供丰厚的报酬，拓展和发展现有的资源，为员工创造健康的工作环境以及职业提升的机会。

属于新教的浸礼会并不禁止信徒积累财富，却反对炫耀财富。这一信条在约翰·戴维森·洛克菲勒的一生当中都具有重要影响，终其一生，他都在积累财富，几乎没有炫耀过财富。

约翰·戴维森·洛克菲勒15岁的时候，已经成为当地教会的常客了，他不仅虔诚地向上帝祷告，而且自觉地承担了教会的财务工作。

约翰·戴维森·洛克菲勒并不是想哗众取宠，而是真诚地赞颂上帝的奇迹，他在教会中的唱诗班担任男中音的角色，经常唱的曲目是"耶稣是我的挚友"，他利用业余时间学习钢琴

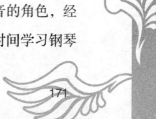

弹奏，并成为教会的钢琴伴奏。每次教会活动结束，他总是最后一个离开，熄灭蜡烛，只留下一个点燃的烛火。

社区的人都记住了这个节俭又诚恳的小伙子。

在约翰·戴维森·洛克菲勒20岁的时候，教会遇到了财政上的困难，如果不能在短期内筹集到2000美元的话，教会不得不迁离现有的地址，居无定所。这个教会的教友都是工薪阶层和小业主，2000美元的数目并不是个小数字，但是约翰·戴维森·洛克菲勒不辞辛劳反复奔波游说，终于在指定日期的前一天，筹到了2000美元。这次充满奇迹的筹款，在约翰·戴维森·洛克菲勒心中留下了深刻的印象，他觉得，经济独立是最大的财富，即使是面对上帝的邀约。

教会不仅让约翰·戴维森·洛克菲勒的心灵得到慰藉，还使得他发现了一个秘密：商业使人获得财富，但是只能使一个人富有。而教会使人获得灵魂的安宁，更重要的是，把上帝的赐福传递给更多的人，是世界上最快乐的事。商业是索取，而信仰使约翰·戴维森·洛克菲勒学会了奉献，这是人生认识的重大飞跃。这也成为洛克菲勒家族的治家格言。

由洛克菲勒拟定的家族的清教徒家规，历来被世人所称道：

1.我信仰个人的价值至上，个人拥有追求生命自由和幸福的权利。

2.我相信每一种权利皆包含一种责任，机遇源自于义务的奉献。

3.我相信法律是为人所制定，而非相反；我相信政府是人民的仆人，而非相反。

4.我信仰人因工作而高贵，不分贵贱；世界上人人机会均等。

5.我相信节俭是生活的必需。

6.我相信真理与正义是维护社会秩序的基石。

7.我相信诺言神圣，我相信品德无价。

8.我相信乐善好施是人类共同之义务；奉献是通往伟大之路的唯一途径。

9.我信仰全能全知和博爱的上帝。

10.我相信爱是人世间最伟大之物；爱能战胜仇恨；正义必将战胜强权。

第七章
做真正的富人

约翰·戴维森·洛克菲勒拥有了巨额财富之后，世界各地的信件像雪片一样飞过来。其中很大一部分是要洛克菲勒提供金钱上的帮助。面对这些充满急切语气的信件，约翰·戴维森·洛克菲勒总是有些为难，因为他无法判断谁是更需要帮助的群体。后来他终于找到一个捐助的模式，他成立了一个和教会捐助方式结合的基金会，后来，发展为世界最大的公益性基金会，主要致力于医疗卫生和教育事业的建设，具有广泛的世界影响。

约翰·戴维森·洛克菲勒也成为世界历史上捐助最多的企业家，他的财产曾经达到美国一年国内生产总值的近1/100，换算成今天的价值，有近2000亿美元。他捐出了超过一半的财

产，并问心无愧地安度晚年。

约翰·戴维森·洛克菲勒用一首小诗总结自己的一生：

我的生命爱过

我的生命欢乐过

人生就是漫长愉快的假日

充满辛劳，充满喜乐

只因上帝

日日佑护我

约翰·戴维森·洛克菲勒的故事告诉我们，一个有信仰的商人，一定是一个有商业道德的人。

第六节　予人玫瑰，手留余香

> 将爱心传布到世界的各个角落，是一种赠予，赠予就会使得喜悦加倍。就像是烛火，如果我们能点燃别人的烛火，我们的世界将会更加明亮。
>
> ——约翰·戴维森·洛克菲勒

中国是洛克菲勒基金会最大的捐赠国之一，仅次于美国。1915年，洛克菲勒基金会成立了中国医学委员会，由该委员会负责在1921年建立了北京协和医科大学，这所大学是中国最好的医科大学，它的成立不仅从根源上给中国人带来了医疗观念的革命，而且成为中国医药事业培养医疗人才的摇篮，多年以来，为中国培养了大批医疗人才。洛克菲勒家族对中国有着非常特殊的感情，"为中国灯加油"是标准石油公司的第一批广告用语之一；北京著名的协和医院，也是洛克菲勒基金会1917年赞助而建成的；1932年中国发生了霍乱，幸亏洛克菲勒基金会资助，才有足够的疫苗预防而不致成灾。

以老约翰·戴维森·洛克菲勒为偶像的世界首富比尔·盖茨说过，拥有巨大的财富让他有种深刻的"负疚感"，所以他通过其基金会捐出数十亿美元回报社会。约翰·戴维森·洛克菲勒的金钱观念与众不同，他的待人观念也是别具一格的。

在约翰·戴维森·洛克菲勒之前，很多富豪的捐赠方式都是以名利为前提的。比如捐赠一座房子，或者捐赠钱款给著名大学，然后在校园内刻上自己事迹的碑文。约翰·戴维森·洛克菲勒觉得这种捐助方式过于贪图名利，而且受众比较狭窄，不能惠及更多的人。

约翰·戴维森·洛克菲勒的慈善行为采用了公众路线，更多地致力于促进知识创造和改善公共环境，这种捐赠方式，是一种真正的慈善家的行为，得到了世界性的赞誉。

约翰·戴维森·洛克菲勒的捐赠，不想让人记住自己的恩赐，也没有镌刻自己的事迹，不过这个世界上最好的墓碑，

就是大家的口碑。到现在，洛克菲勒的事迹还被各国人民所传扬。

约翰·戴维森·洛克菲勒百年之后，他的后人由于担心有人盗墓，更担心洛克菲勒生前敛财过多，引发众人的仇富心理，于是，将他的遗体埋葬在一个秘密的墓地里，上面铺了厚厚的石板，据说烈性炸药也无法炸开。

看一个人的一生，最好的方法是看他死后的讣告。约翰·戴维森·洛克菲勒身后，各家报纸登载讣告，纷纷把他说成是乐善好施的大慈善家，只字不提那个残忍的托拉斯大王。

无论是约翰·戴维森·洛克菲勒的朋友，还是他生前的敌人，无不对他大加赞扬，一位检察官是这样称赞这位他曾经问讯过的、搪塞敷衍的证人的："除了我们敬爱的总统，他堪称我国最伟大的公民。是他用财富创造了知识，舍此更无第二人。世界因为有了他而变得更加美好。这位世界首席公民将永垂青史。"

"爸爸，有一件事我要和你商量一下。"一次，在打高尔夫的间歇期，小约翰·洛克菲勒向父亲说。

"什么事？"约翰·戴维森·洛克菲勒问儿子。

"我和几个朋友打算成立一个救助基金会，专门援助非洲贫困人口，我们几个想先向基金会捐助一些资金，然后向社会各界开展募捐，希望诸多有钱人能伸出援助之后，帮助那些穷苦人脱离贫困，我们做的也许有限，但是积累社会的力量，不仅用现今的形式捐助，还要培训非洲的穷困者，帮助他们学

176

习各种技术技能。而且，我已经向公司的董事会提出建议，将公司每年的收益拿出一部分，作为基金会的储备金。"小约翰·洛克菲勒说。

"这是一件好事啊，"约翰·戴维森·洛克菲勒发自内心的高兴，"我支持你，小约翰。你也明白，我们公司的宗旨并不是单纯为了挣钱，也是为了给更多人造福。你的做法，完全符合公司的宗旨。我年纪大了，不能和你们一样，做一些具体的援助活动。但是我也要尽一份力，支持你们的事业，记住，孩子，这是一个需要长期做的工作。这个世界上不光有锦衣玉食的富人，更多的是穷苦的下层人。你的做法就是代表上帝行善。这个基金会成立越早，就有更多人得到恩赐。"

经过紧张的筹备，基金会终于成立了，小约翰·洛克菲勒任董事长，而约翰·戴维森·洛克菲勒任名誉董事长。

成立大会这天，各位商界人士和媒体记者都蜂拥至会场。国际红十字组织也派人来到会场。

大会开始时，主持人先请小约翰为大会致辞，小约翰·洛克菲勒心情很激动："这个基金会提供的不仅仅是金钱，而是一份爱心。此外，我要十分感谢我的父亲洛克菲勒先生，他不仅为基金会捐助了大笔的资金，而且还参与基金会的筹备活动。"

小约翰·洛克菲勒一直望着坐在嘉宾席上的父亲，眼里浸满了泪水："小时候，父亲就教育我，这个世界上，如果多一双帮助别人的手，就少了一双哭泣的眼睛。"

会场上爆发了热烈的掌声。

最后，主持人请约翰·戴维森·洛克菲勒上台讲话。

约翰·戴维森·洛克菲勒快步走上台，环顾四周说："我想，人生就有两个目标——得到一个东西，然后分享你的拥有。我们发现，最难的不是获得财富的过程，而是分享拥有的过程。众所周知，我是白手起家的穷苦人，我拥有的一切，并不是我的努力获得的，而是一种上帝的恩赐。我想，所有的财富并不属于我，对我来说，财富越多，我的负担越大，因为这意味着，上帝给我的责任越大。将爱心传播到世界的各个角落，是一种赠予，赠予就会使得喜悦加倍。就像是烛火，如果我们能点燃别人的烛火，我们的世界将会更加明亮。"

洛克菲勒走下了讲台，会场上响起了经久不息的掌声。

结　语

约翰·戴维森·洛克菲勒的邻居们回忆道，尽管约翰·戴维森·洛克菲勒的家境不像人们传说的那样窘迫，但绝非是小康之家。

1937年5月23日，近百岁高龄的洛克菲勒与世长辞。在家人检点约翰·戴维森·洛克菲勒遗物的时候，发现一张泛黄的照片，这是约翰·戴维森·洛克菲勒的毕业照，不过与众不同的是，这张照片并没有约翰·戴维森·洛克菲勒的身影。

那时候，贫穷的约翰·戴维森·洛克菲勒很少有拍照的机会。照毕业照那天，艳阳高照，约翰·戴维森·洛克菲勒穿上了最好的一套衣服，虽然是破旧的校服，但是洗得很干净，他用手将衣服的毛边向胳膊里紧了一紧。

约翰·戴维森·洛克菲勒看看蓝天和白云，他觉得一个伟大的时刻要到来了，他挺了挺腰板，在心中默念"上帝保佑"，一定要用最甜美的微笑来面对未来的自己。但是，他的老师并不这么想，在他的眼里，约翰·戴维森·洛克菲勒就是个穷酸的小子，他的存在只能增加班级的耻辱感，要是这张合影里出现一个衣衫褴褛的小孩，会让那些衣冠楚楚的正人君子不高兴的。

约翰·戴维森·洛克菲勒的老师临时叫停了摄影活动，他

走到摄影师的身边，对着摄影师耳语了几声。摄影师的脸上露出了复杂的表情，约翰·戴维森·洛克菲勒并不知道这一切对他来说究竟意味着什么。正式拍照开始了，约翰·戴维森·洛克菲勒露出了一生中最甜美的微笑，他凝视前方，对未来充满了希冀。摄影师的镜头划过了约翰·戴维森·洛克菲勒，将他的身影和甜蜜的微笑排除在合照之外。

几天后，看着同学们手中的毕业照，约翰·戴维森·洛克菲勒心中百感交集，没有人能够真正了解自己被合照排除在外时约翰·戴维森·洛克菲勒心中的真实感受，估计如果能用他手中的巨额财富，换回在毕业照时的合影，约翰·戴维森·洛克菲勒也一定会毫不犹豫地答应，因为这是他心中最大的伤痛。

没有人能够真正了解，当一个人孤独地看着没有自己的毕业照时，约翰·戴维森·洛克菲勒心中会想什么，但是有一点可以肯定，望着没有自己的合影，约翰·戴维森·洛克菲勒一定在寻找，在用目光填补心中的空白。这个没有在毕业照中出现的身影，已经将自己的印记深深地刻在了美国的历史上，这个看起来无所不能的金融巨子，却无法填补一个小时候的空白。那个空白，或许就是洛克菲勒一生奋斗的动力吧。

德国大文学家歌德说过："你若要喜爱你自己的价值，你就得给世界创造价值。"洛克菲勒及其家族波澜壮阔的奋斗史，也是一部交织着索取和奉献的人性史，我们每个人都可以从中读出人性的真善美。